影响孩子一生的
创新思维游戏

源知人　编著

金盾出版社

内 容 提 要

　　本书通过一问一答的游戏方式,使孩子在游戏过程中不断提高创新能力和观察力、判断力、逻辑推理等能力,同时也会在游戏中找到乐趣,在乐趣中获得知识。其内容构思巧妙、生动活泼,对孩子的思维注重全面开发,是一本好的少儿读物。

图书在版编目(CIP)数据

影响孩子一生的创新思维游戏/源知人编著. -- 北京：金盾出版社,2010.7

ISBN 978-7-5082-6457-8

　　Ⅰ.①影…　　Ⅱ.①源…　　Ⅲ.①智力游戏—青少年读物　Ⅳ.①G898.2

中国版本图书馆 CIP 数据核字(2010)第 106643 号

金盾出版社出版、总发行

北京太平路 5 号(地铁万寿路站往南)

邮政编码:100036　电话:68214039　83219215

传真:68276683　网址:www.jdcbs.cn

封面印刷:北京印刷一厂

正文印刷:北京天宇星印刷厂

装订:北京天宇星印刷厂

各地新华书店经销

开本:850×1168 1/32　印张:7.625　字数:220 千字

2010 年 7 月第 1 版第 1 次印刷

印数:1～6 000 册　定价:20.00 元

前 言

　　"思维"对于我们来说是个并不陌生的字眼，一个人从出生伊始就在接受各种各样的思维命题：儿童时期接受父母的训练；而后从小学到大学十几年的时间里，我们接受老师的训练；无数的考试与作业的训练。那么，思维到底是什么呢？思维是智力的核心，是最敏感也是最富有生命力的东西，还是当今社会生存的通行证。本书每一个小题都是一个智慧的锦囊、一把开启思维大门的钥匙，它可以使你在同龄的小朋友中更为突出，让你在今后的生活中充满自信，也可能会改变你的整个人生。

　　人的一生可以通过学习来获取知识，但培养创新力却从来不是一件容易的事，能真正把这种能力发挥得淋漓尽致的人极少，而思维游戏无疑是一种极好的训练方式。现在已经有很多的家长意识到，思维训练不仅是专家和高层管理人员所需要的，它对一个孩子也起着至关重要的作用。好的思维游戏既能提升思维能力，又能从中获得解题的快乐与满足，更重要的是在游戏过程中会不断提高创新能力、观察力、判断力、逻辑推理等各方面的能力。在游戏中找到乐趣，在乐趣中获得知识，在有意无意间让大脑得到充分的发挥，拓展潜在的能力。

　　生活中每个做父母的都希望自己的孩子是世界上最聪明的，但如何让自己的孩子变得聪明呢？"开发"是一个关键词，开发思维、开发智慧、开发潜能，而思维游戏正是开发大脑的最好方法。经常改变思维的角度和方式也是一种良好的习惯，这有助于我们拥有一个流动的思维。

　　每个人都希望自己拥有良好的创造力，能够经常产生出与众不同的创意，可是你知道吗？科学研究发现，每一个孩子在三年级以下都是一个极具创造力的思想家，但随着年龄渐渐增大，思考问题的方法却逐渐变得单调起来，变得机械化，这时孩子的思维就会呈现出所谓的冻结状态。那如何才能解冻呢？快让我们一起进入正文吧！

目 录

4

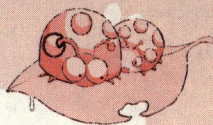

1. 请你帮字母来排队

传说O、T、T、F、F、S、S、E这几个字母是按照一定的顺序排列在一起的，组成一个队伍。小朋友，请你仔细思考它们之间存在什么关系，下一个字母应该是什么呢？

OTTFFSSE

2. 小篮球迷的难题

小篮球迷丁丁打完篮球后，穿着背心、短裤，抱着篮球回家。半路上，他突然想起妈妈让他买些鸡蛋回家，于是就买了十几个鸡蛋。可是店主没有给袋子，也没有其他的工具，这些鸡蛋怎么拿回家呢？小朋友，你快帮丁丁想想办法吧。

3. 什么地方你永远也坐不到

美美和爸爸在屋里聊天。美美突然对爸爸说："我可以坐到一个你永远也坐不到的地方！"爸爸觉得这不可能，小朋友，你认为可能吗？

★☆★★★☆★★★★★★★★★★☆★★★★★★★☆★

4. 如何分辨真假花

春天来了，蜜蜂和蝴蝶在花丛中飞舞着，花园的主人拿来两朵一模一样的花让坐在屋里的客人辨别哪一朵是真花，哪一朵是假花。条件是只能远远地看，不能用手去摸，更不能去闻。如果是你，你怎样辨别呢？

5. 爱模仿的小猴子

猴子是一种天生爱模仿的动物。当人们摸脑袋的时候，猴子也摸脑袋；人们摸鼻子的时候，猴子也摸鼻子；后来人们做了一个动作，猴子却没能及时地模仿。

请问，人们做了一个什么样的动作呢？

★ ★ ★ ★ ★ ★ ★ ★ ★ ★ ★ ★ ★ ★ ★ ★ ★ ★

6. 先喝到瓶底的可乐

试想一下，有一瓶满满的可乐放在你面前，你怎么才能先喝到瓶子最底部的可乐呢？

7. 如何把鸡蛋立在桌子上

一天，老师给同学们留了一道课外题，让同学们回家自己动手试验一下。
题目是这样的：将一个煮熟的鸡蛋立在桌子上。你认为能做到吗？

★★★★★★★★★★★★★★★★★★★★★★★★★★★

8. 和超人斗智

一天，小智巧遇超人，要考考超人。他向超
人提了一个问题说："我在几秒钟内就能画一条
线，而你则需要用好几天的时间才能走完。"

超人自然不相信，说："没有什么事是能难
得倒我超人的。"

结果小智画了一条线，超人果真用了好几天
的时间才走完。无所不能的超人怎么会输了呢？

9. 小馋猫切蛋糕

小猫咪花花过生日，猫妈妈给花花买了一个长方形蛋糕。花花的好朋友很多，要将蛋糕切成9块才够分，要怎么分呢？

★★★★★★★★★★★★★★★★★★★★★★★★★★

10. 小小蜡烛大学问

有两根长短不一的蜡烛，蜡烛完全燃烧尽要1个小时，你能用什么方法来确定15分钟的时间？

11. 魔镜告诉你

想象一下，自己在照镜子的时候，为什么镜子中自己的影像总是颠倒左右，却不能颠倒上下？

12. 一笔并不糊涂的账

商店里的汽水1元钱一瓶，喝完后2个空瓶可以再换1瓶汽水，试想一下，如果你用20元钱买汽水，最多可以喝到多少瓶汽水？

13. 数字谜语

陈先生养了3只狗，3只狗的年龄加起来等于13岁，乘起来等于陈先生自己的年龄，陈先生的一个朋友知道陈先生的真实年龄。但还是不敢确定陈先生这3只爱犬的年龄，请问，这是为什么呢？陈先生这3只爱犬年龄又是多少呢？

★★★★★★★★★★★★★★★★★★★★★★★★★

14. 天平秤更倾向于哪边

在一个气温高达38℃的炎热夏天，一个卖西瓜的小贩，为了使西瓜好卖，在小摊边上放了一个大冰柜。在天平的一端放上西瓜，另一边放上一个大冰块，使天平刚刚好平衡，然后大声叫卖着冰冻西瓜。小朋友们，问题这时出现了，一起来想一下，天平一直这样放着，最后会倾向哪一边呢？

15. 谁才是真凶

在郊区的一幢公寓里住着一对要好的朋友，一个姓王，另一个姓赵。一日，警察接到小王的报案，说他的好朋友小赵刚刚被人入室枪杀了。警察赶到现场，只见小赵头部中了一枪，倒在血泊中，已没有了气息。警察问小王：你刚才都看到什么了，小王说："我刚才正在和小赵吃火锅，忽然闯进一个戴墨镜的人，对准小赵就是一枪，然后迅速地逃走了。"

警察看了看桌上摆放着还热气腾腾的火锅，马上便说道："我抓到真凶了。"

开动你的脑筋想想这是为什么呢？为什么警察能这么快就找到了凶手？

★ ★ ★ ★ ★ ★ ★ ★ ★ ★ ★ ★ ★ ★ ★ ★ ★ ★ ★ ★

16. 错误的等式

有这样一则错误的等式：25-50=25，请小朋友们开动脑筋想一想，能不能移动一个数字，使这个错误的等式变成一个正确的等式呢？

25-50=25

17. 意外交通事故

一个男人和他的儿子开车外出，不幸遇上了车祸，父亲当场死亡，儿子则受到重伤。路人马上帮忙拨通了120，没过多久，儿子被送到了医院。当他被推进手术室后，准备给他动手术的外科大夫突然喊道："我不能给这个小孩动手术，他是我儿子！"

这怎么回事呢？

★☆★☆★☆★☆★☆★☆★☆★☆★☆★☆★☆★☆★

18. "家庭号"小船

这是一个大家庭。在闲暇的假日里，有5对夫妇相约来到公园里放松，其中有2对夫妇各带着3个孩子，剩下的3对夫妇则没有带孩子。他们想一起去湖上划船，为了游客安全，船上定员是12个人。最终，他们在没有违反规定的前提下上了同一条船，请问，这究竟是怎么回事呢？

9

19. 意思深刻的生日礼物

约翰和杰克是一对非常要好的朋友。约翰要过生日了，杰克送给约翰一个漂亮的生日蛋糕，蛋糕上面还写着一组数字，220和284。约翰不明白数字的意义，就问杰克："这两个数字既不是我的年龄也不是我生日的日期，是什么意思呢？"杰克笑呵呵地说："这是一对相亲相爱的数字，意思是：你中有我，我中有你。"

小朋友，你知道杰克为什么说"你中有我，我中有你"吗？

★★★★★★★★★★★★★★★★★★★

20. 打"扑克"

4个人在一间小屋里打扑克。这时，警察突然来了，4个人都拔腿就跑，可警察到了屋里还是抓到了一个人，这是为什么？

21. 这样公平吗？

甲和乙两个人出了同样多的钱买苹果，一共买了12个苹果，每个2元钱。当乙吃到第5个的时候，甲已经吃完第7个了。于是乙对甲说："你吃的比我多1个，你应该找我4元钱。"请问，你认为乙的要求公平吗？

★★★★★★★★★★★★★★★★★★★★★★★★★★

22. 升旗和降旗

按照严格的规定升旗与降旗的速度是一样的，不能相差分毫的。但是有一次，学校里负责升旗的小朋友尽管按照规定在做，可他却在降半旗的时候比平时升旗的时间用的还要多，你知道这是什么原因吗？

23. 可爱的双胞胎

有一对可爱的双胞胎兄弟，哥哥上午很老实，可是一到下午就开始说谎。而弟弟呢，刚好和哥哥相反，上午总是说谎话，下午反倒很老实。

一天，新来的数学老师想找出更调皮一些的哥哥，老师问："哪个是哥哥啊？"一个小朋友站出来说："我是"，紧跟着另一个也站出来说："我是哥哥"。老师又问："你们谁知道现在几点了？"又是第一个发言的小朋友说："快到中午了，"另一个说："中午已经过去了！"

听了回答，老师一下子就猜到哪个是淘气的哥哥了。小朋友，你猜到了吗？

★★★★★★★★★★★★★★★★★★★★★★★★

24. 别让思维冻成冰

试想一下，要想将2吨冰变成水，最快的方法是什么？

25. 直立的比萨斜塔

小明去参观著名的建筑比萨斜塔，当他站在塔前时，他并没有觉得塔是倾斜的，而是笔直地竖在那里。他也没有发现这个塔经过整修的痕迹，又一想也不可能是一个假的比萨斜塔，那么，是什么原因呢？

★ ★

26. 你能分清是冷还是热吗？

拿3个小盆，分别在里面装上冷水、热水，还有一个装上与室内温度相同的水。然后把左右两只手分别放在装冷水和热水的盆子里泡3分钟，再把两只手同时放到装着与室内温度相同的那盆水中，请问，盆里的水是冷还是热呢？

27. 100个和尚和100个馒头

有100个和尚分吃100个馒头，大和尚一人吃4个，小和尚4人吃1个。问大和尚和小和尚各多少人？

★★★★★★★★★★★★★★★★★★★★★★★★★★★

28. 笔尖间的较量

两手各拿一支削好的铅笔，笔尖相对，两支笔之间的距离大约保持在60厘米左右，然后闭上一只眼，你能做到让两支笔的笔尖相碰吗？动作要快哦！

29. 没有不可能

两个搞数学的人在讨论关于数学的问题。其中一个说："偶数加偶数为偶数、偶数加奇数为奇数；奇数乘奇数为奇数、偶数乘奇数为偶数。"另一个也附和着继续讨论。这时，从旁边走过来另一个人，他在承认上述话的同时，又说："偶数乘偶数也是奇数。"前面的两个人一脸疑问地看着他，十分不解，你知道他为什么这么说吗？

30. 你能保持不动吗？

找一枚曲别针，把它弄直后，弯成"v"字形，再把它放在一把水果刀的刀背上，把刀举到桌面上。让V形细铁丝的两腿轻轻地搁在桌子上，你能让细铁丝保持不动吗？（注意：前提是拿刀的手不要放在桌上或靠着别的东西。）

31. 新的组合"火柴与汽水"

取一瓶新鲜的汽水和一根火柴，打开瓶盖把汽水倒入杯中。然后划着火柴，手拿点燃的火柴放到玻璃杯上，请问，火柴还会继续燃烧吗？

★★★★★★★★★★★★★★★★★★★★★

32. 桃子的数量

有一筐桃子，一半的一半的一半比一半的一半少半个，小朋友们不要先忙着吃桃子，想一想，这筐桃子到底有多少个？

33. 农民如何巧过河

有一位农民提着一条鱼，领着一条狗和一只猫来到河边，想把这些都带过河去。河边恰好有一只小船，但它小得实在可怜，只能乘坐一个人。另外可以带一条狗，或者带一只猫，或者带一条鱼。并且如果人不在身边，狗就会咬猫，猫就会吃鱼，幸好这条狗不吃鱼。这位农民将如何巧妙地过河呢？

★★★★★★★★★★★★★★★★★★★★★

34. 巧用标点

有这么一段文字："知止而后有定定而后能静静而后能安安而后能虑虑而后能得。"小和尚每天都诵念："知止而后有，定定而后能，安安而后能，虑虑而后能，得。"却怎么也不了解这句话的意思，尤其是句子末尾的那个"得"字，使他摸不着头脑。

师父也觉得后面那个"得"字绕口，而且整个句子即使没有那个"得"字也读不通："知止而后有定定，而后能静静，而后能安安，而后能虑虑，而后能得。"聪明的小朋友，请你帮他们将这段文字加上标点吧！

35. 3个杯子

取3个杯子排成一排，两边的两个杯子的口朝下，当中的一个杯子的口朝上。你能使3个杯子的口都朝上吗？（前提是请你用双手把杯子分别翻动3次，每次翻动两个杯子。）

★★★★★★★★★★★★★★★★★★★★★★★★★★★★★★★★★

36. 谁是跳高能手

拿一个实心皮球和一支圆珠笔，把笔插进球里；但也不要把整个笔头插进去，一手拿笔并保持手臂伸直，插着笔的球朝下。准备好了，然后松手，看哪样东西跳得高，是球还是笔^

37. 好玩的剪纸游戏

把一张纸对折一下，然后用剪刀沿着折痕剪个洞，然后再把纸展开，你会发现纸上出现一个洞。但如果你把纸折成直角再对折一下，按照此方法对折6次。然后在最后折的那一边剪个洞，试想一下，当纸片展开后，会得到多少个洞？

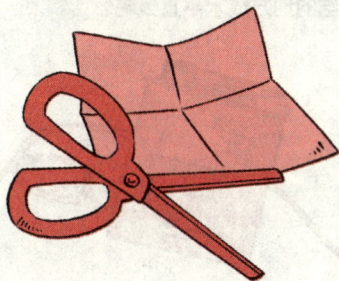

38. 另类的吹气球

这不是一个平日里常见的吹气球方法，选一个很容易吹起来的气球，把它放入一个空汽水瓶里，把气球嘴的橡皮套放在瓶口上。你能把气球吹得充满整个汽水瓶吗？

39. 你能拉动一本书吗?

拿一本精装的字典或厚厚的杂志，外加上一根长约166厘米长的绳子，把书打开纵向放在绳子上，并把书脊朝上，再把绳子在书脊当中打一个结。两手分别握住绳子的两头，使手和书至少保持50厘米的距离。这时两手拉动绳子，你能把绳子拉到与打结的地方成水平直线吗?

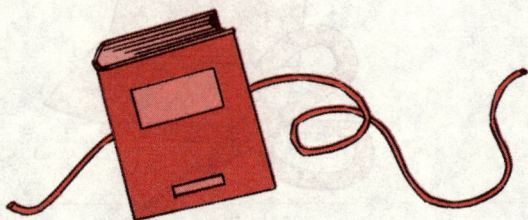

★★★★★★★★★★★★★★★★★★★★★★★★★

40. 看似简单的小难题

小朋友，试一下，让自己的两腿并拢，脚跟靠墙站着，在你脚前33厘米处放一枚硬币。你能脚不动、膝盖不弯，拾起这枚硬币吗?

41. 大瓶与小瓶

在一个大的塑料瓶子里，放入一只无盖的小瓶，小瓶中装的水恰好能使其倒立。然后把大瓶的瓶口紧紧地密封起来。请你试着挤捏这个塑料瓶，猜猜看会发生什么情况？

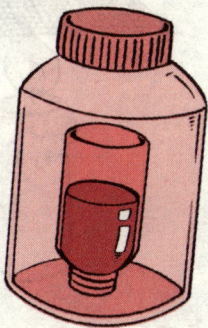

★ ★ ★ ★ ★ ★   ★ ★ ★ ★ ★ ★

42. 你能做到吗？

将一个装过冰淇淋的纸杯子装上水，一手拿纸杯子，另一手拿划着的火柴靠近纸杯子的底部，你能把纸杯子烧穿一个洞吗？

43. 火焰能从漏网中穿过吗?

拿一支蜡烛和一个金属滤网,然后点燃蜡烛,把滤网放在火焰上,试想,火焰能从滤网上穿过吗?

44. 聪明的书生

古代有位进京赶考的书生,走到半路天空突然下起雨来;这时天色已将晚,他四下寻觅,只见这附近只有一户人家,所以他打算前来拜访;看人家能不能收留他一晚。

可没想到,家丁递出来一张纸条,上面写着:下雨天留客天留人不留。书生看后立即明白了这家主人的意思,这时他拿起笔在上面画了几笔,然后让家丁拿给主人看。主人看后,二话没说就把这位才华横溢的书生请进了门。

你能猜到书生到底写了什么吗?

45. 这是一只什么熊

有一只熊它向南走了一公里，又向东走了一公里；然后又向北走了一公里，又回到了起点。想一想，这到底是怎么回事呢？

---

46. 爷爷的年龄

爷爷今年70岁了，他有3个孙女，大孙女20岁，二孙女15岁，小孙女5岁。请问，几年后3个孙女的年龄能与爷爷的年龄相等？

47. 水盆里的鸡蛋

将一个鸡蛋放到一个装满水的水盆里，没过一会儿，这个鸡蛋浮上来了，这是为什么呢？

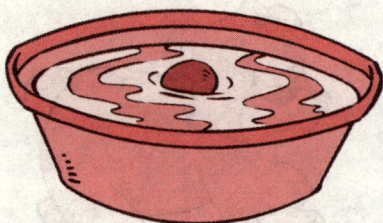

48. 急速列车

为什么当一列火车急速行驶过站台的时候，人们太靠近铁轨会有危险？

49. 淘气的小朋友

有4个小朋友在踢足球，一不小心把邻居李叔叔家的玻璃踢碎了。李叔叔问："是谁踢碎的"，小明说："不是我，是贝贝或朋朋踢碎的"；小飞说："是朋朋踢碎的"；贝贝说："我没有踢碎玻璃"；朋朋说："不是我踢的"。请你猜猜他们4人当中，到底是谁踢碎的玻璃呢？

★★★★★★★★★★★★★★★★★★★★★★

50. 船为什么不会沉

小朋友，你知道为什么船在水里不会沉吗？

51. 如何才能喝到饮料

　　丽丽买了一种新式的饮料，饮料的瓶口自带有软木塞子，在不敲碎瓶子，不准拔去木塞，不准在塞子上钻孔的情况下，丽丽怎样才能喝到瓶子里的饮料呢？我们大家一起帮她想想办法吧！

52. 商人的困惑

　　从前有个商人，他在自己的国家买了2000吨的煤炭，打算运到外地去赚上一笔；由于这次数量比平时大的多，所以他派了可靠的人押运，还决定亲自监督运输。可是，当船行驶到非洲赤道附近的一个海港时，却发现煤炭少了20吨；经过仔细的检查，并没有遗落或是被盗，商人百思不得其解，你知道这到底是怎么回事吗？

53. 小蚂蚁之死

一只小蚂蚁打算去环游世界，它选用了飞机作为它的交通工具，可是它一不小心从飞机上掉下来了，请你猜猜，小蚂蚁死了吗？如果死了，是怎么死的呢？

★★★★★★★★★★★★★★★★★★★★★★★★★

54. 如何加速

从二楼的窗口向楼下抛一个空的酒瓶子，瓶子以一定的速度落到地面；要想使瓶子落到地面的速度是这个速度的两倍，请问，应该站在多少米的高度？

55. 谁会先结冰

在相同的环境下，把一杯热奶茶与一杯冰奶茶同时放到冰箱里，请问，哪个会先结冰呢？为什么？

★★★★★★★★★★★★★★★★★★★★★★★★★★★★

56. 飞机离北极的距离

一架飞机从北极出发，往南飞了100公里后，又往东飞了200公里，请问小朋友，这时飞机离北极点有多远？

57. 月亮从何方升起

试想一下，如果月亮绕地球的周期为12小时，那么月亮会从哪个方向升起呢？

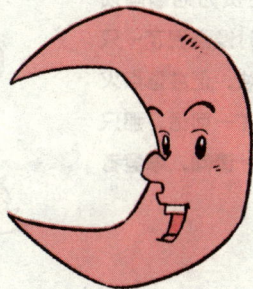

★ ★ ★ ★ ★ ★ ★ ★ ★ ★ ★ ★ ★ ★ ★ ★ ★ ★ ★ ★

58. 奇怪的迹象

假如能把一匹马运到月球上去，请问，马在地球上重还是在月球上重呢？

59. 遇到狼时怎么办

这是一道很幽默的脑筋急转弯，先提示一下大家，不要用正常的思维去思考。

一个爱好攀岩的人在费力地攀向顶峰，可当他快要到峰顶的时候碰到了一只狼，狼的手上拿了一支蜡烛，正准备点火烧断绳子。结果攀登者说了一句话，那只狼自愿地把蜡烛给吹灭了，请问，攀登者对狼说了句什么话？

★ ★

60. 荒岛生存计

一天，有一个人独自去一个荒岛上探险，在返回的前方他遇到一座桥。可刚走了两三步，桥就发出嘎嘎的响声，好像就要断了似的，面对他唯一能回去的路线，他只好无奈返回岛上。这个人虽然不会游泳，但他想尽了各种办法，最终还是无能为力。可过了一个星期后，他竟然回到了河对岸，想想这是怎么回事？他用了什么办法回到河对岸的呢？

61. 一本书有多少页

小华在一家书店里买了一本书，共有200页。第3页到第12页，总共有10页，上面的内容对她很有用，于是把它拆了下来，还剩下190页。她接着往下看，她发现第56页到第75页，共20页上，也有很重要的内容，又把它拆了下来。算一下，这本书还剩下多少页？

★ ★ ★ ★ ★ ★ ★ ★ ★ ★ ★ ★ ★ ★ ★ ★

62. 聪明的酋长

有几个旅游者来到沙漠里游玩，访问了住在附近的部落，还带了两块手表作为送给他们的礼物。可是不知道为什么，带来的两块手表一块一天慢一分钟，另一块干脆不走了。最后酋长选择了那块停止的手表，请问这是为什么？

63. 多劳多得

　　农场主雇了老李和老王为他的农场播种稻谷。其中，老李是耕地能手，但不擅长播种；老王耕地很不熟练，但却是播种的能手，农场主决定种10公亩地的稻谷，让他俩各干一半。

　　于是，老李从东头开始耕地，老王从西头开始耕地。老李耕一亩地用20分钟，老王却要用40分钟，可是老王播种的速度却比老李快3倍。耕种结束后，农场主根据他们的工作量给了他俩100块钱。请问，他俩怎样分才合理呢？

★★★★★★★★★★★★★★★★★★★★★★★★★★

64. 顽皮的小猫

　　一天小猫去钓鱼，老猫见小猫钓鱼回来，就问他钓了多少条鱼，小猫顽皮地说："6条没有脑袋，9条没有尾巴，8条半头。"老猫笑着说："我早料到了！"请问，小猫到底钓了多少条鱼？

65. 爸爸的小鱼

爷爷有一个鱼缸，里面养了很多条金鱼，有花色的，也有纯色的，两种鱼数量相乘的积数通过鱼缸反射刚好是两种的总和。小朋友，你能告诉我，这两种鱼各是多少只吗？

★ ★

66. 三样不相干的东西

这是一道趣味题。春天到了，小朋友们在草地上玩耍，突然看到地上有一条围巾、一根胡萝卜和几个煤球；在这个季节，看到这几样东西，是很难让人理解的，你知道这三样不相干的东西为什么会出现在这里吗？

67. 巧移硬币

将六枚硬币摆成一个十字架的形状，试想一下，能否只移动一枚硬币，就让6枚硬币成两条直线，而每条直线有4枚硬币呢？

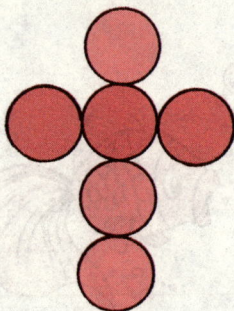

68. 井底之蛙

有一只爬行非常缓慢的青蛙住在10米深的井底好久了，它厌倦了这样的生活；于是它想爬到外面，去看看缤纷的世界。它努力的向上爬，但最多也只能爬3米，当它累到睡觉的时候，又会向下滑落2米；照这样下去，青蛙要几天才能爬到外面呢？

69. 聪明的邻居

有一个人，他的左右邻居分别养了两条狗，一到晚上狗就不停地叫，扰的他休息不好，第二天上班总是迟到，经常被老板骂。一天，他想到了一个好办法，他对左右邻居说："请你们搬走吧！再这样下去我会失业的，我给你们一笔搬家费。"两位邻居想都没想就爽快地答应了。可是到了晚上，这个人又听到了狗的叫声，这是为什么？

★★★★★★★★★★★★★★★★★★★★★★★★★

70. 沙与水

桌上有两个杯子，一个杯子里面装着水，另一个杯子里面装着沙子。现在请你闭上双眼，你能用什么办法分辨出哪个杯子里是水？哪个杯子里是沙子？条件是不能以任何方式触摸杯子。

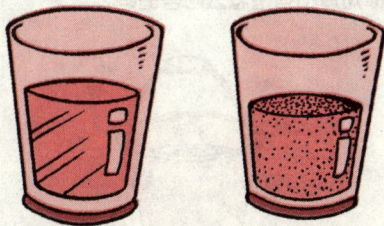

71. 各尽其责的开关

在一个房间的外面有3个开关，分别控制着室内的三盏灯，若想知道开关正确对应的灯泡是哪个，要怎么做？只有一次机会哦！

★★★★★★★★★★★★★★★★★★★★★★★★★★

72. 聪明的小强

春天到了，学校组织同学们去春游。这时路过一条河边，老师突然说："谁能告诉我，这条河里的水有多少桶？"同学们都愣住了，不知道该如何回答老师的问题。这时，站在一边的小强说："老师，我知道。"老师说："那你说说看，这条河里到底有多少桶水？"果真小强回答出了老师的问题，而且老师还十分的满意。你知道小强是怎么回答的吗？

73. 巧得兵书

在我国古代有这样一则机智的故事。

传说有一天，鬼谷子对他的四位爱徒说，谁能让我自己走出山洞。我就把自己的著作传给他。庞涓在洞中放火想以此办法将老师赶出洞外，但没有成功；而另两位徒弟苏秦和张仪则谎称家里有事，跪在地上求老师出洞相送，鬼谷子用无动于衷来回答他们；这时，孙膑和老师说了一段话，鬼谷子对孙膑的回答很满意，并将自己所著的兵书传给了他。开动你的脑筋想想，孙膑到底说了什么话？

★★★★★★★★★★★★★★★★★★

74. 中国人和外国人

有一个人到外国去旅游观光，可他的周围都是中国人，这究竟是为什么呢？

75. 偷越边境

在德国和瑞士边界有一座很长的大桥，在"二战"期间，这座桥曾一度被封锁，只允许有通行证的人通过。

一天，一位在德国做生意的瑞士人没能通过检查，被拦截在桥头。这时，他发现站岗的士兵每隔三分钟就会出来巡视一次，一旦发现有人过桥就会把他赶回去，聪明的瑞士人只稍加思索，就顺利的过桥了。请问，你知道他是怎么过桥的吗？

★★★★★★★★★★★★★★★★★★★★★★★

76. 吹牛比赛

在古代的庙会里，人们会随性的举行一些很奇怪的比赛，比如吹牛比赛。有个人说："我把地球当江米团子，撒上豆粉后一口吃掉了。"又有人说："我能把天上的星星都扫到一块儿，用平底锅炒着吃。"但是，这些吹牛者都在和尚面前拜下阵来。据说，这个和尚对每个对手说的都是同一句话。他究竟是怎么说的呢？

77. 3匹马

在一个跑马场上，跑道上有A、B、C三匹马。A在一分钟内能跑两圈，B能跑3圈，C能跑4圈。现在将三匹马并排在起跑线上，准备向同一个方向起跑。请问，经过几分钟，这三匹马又能并排在同一起跑线上？

78. 狐狸的思维

有一只上了年纪的老虎，他的体力已经不能支撑着他去捕捉食物了，于是它苦思冥想，终于想到一个不用费力也能捕食的好办法。于是，他钻进一个山洞里，躺在地上假装生病；等其他小动物走过来窥探，趁小动物不小心，就把他们抓住吃了。就这样，不少动物都被老虎吃掉了，可狐狸却没有上当。小朋友快想一想，狐狸是怎么避免了这场劫难的呢？

79. 富豪选快婿

　　从前，有位富豪他想为自己的宝贝女儿挑选一个聪明机智的丈夫。于是他出了这么一道怪题，凡是前来应考的英俊青年，不能给他送礼物，但也不能空着手不带东西。结果，有位才貌双全的小伙子做到了这一点，成为了富豪的快婿。你知道他是怎样做的吗？

80. 意义非凡的挽联

　　1931年"九·一八"惨案以后，有位仁人志士奋笔疾书写下一副挽联：上联，只有一个"死"字；下联，是一个倒着写的"生"字。当时大家都认为这虽是副超短挽联，但却突显了中华民族的志气。你能悟出这副超短挽联的含意吗？

81. 离奇的死因

在一个寒冷的冬天，有一个人在一个废旧的仓库里发现了一具尸体，警方很快断定这是一起自杀案。死者被吊在中间横梁上，脖子上有一根十英尺长的绳子，脚离地面约有3英尺，而离这个人最近的墙壁也有二十英尺。那么，警方有什么样的有力的证据证明这个人是自杀的呢？

★ ★ ★ ★ ★ ★ ★ ★ ★ ★ ★ ★ ★ ★ ★ ★ ★

82. 它们会相遇几次

在一天当中，凌晨5点到下午5点之间，钟表的时针和分针会重叠几次？

83. 你能看到多少个自己

一个人站在镜子面前，镜子里会出现自己完整的影像，如果站在两块相对摆放的镜子面前，会出现一连串的影像。那么，现在请试想一下，假设将一间小屋里的上下、左右、前后，都放上没有缝隙的镜子，你能看到多少个自己呢？

★ ★ ★ ★ ★ ★ ★ ★ ★ ★ ★ ★ ★ ★ ★ ★ ★ ★ ★

84. 离奇失踪案

高速公路上发生了一起很严重的交通事故，涉及两辆大卡车和六辆小汽车。警察和救护人员接到报警电话后火速来到现场；但只发现了两位受重伤的卡车司机，没有发现六辆小汽车的司机，他们都去哪里了呢？

85. 哈佛考题

问：1=5、2=25、3=125、4=625，那么按照这个规律，你能分析出5等于多少吗？

★★★★★★★★★★★★★★★★★★★★★★★★★★★★★★★★

86. 爱写信的丽丽和莎莎

丽丽与莎莎各自买了同样多的信封和信纸。丽丽每写一封信用一张信纸，而莎莎每写一封信用3张信纸。当莎莎用完所有的信纸时，还剩50个信封，丽丽正好相反；当她用完所有的信封时，还剩50张信纸。请问，丽丽和莎莎各自买了多少信封和信纸？

87. 智移石头

有一位爱民如子的公仆省长，经常到乡下去体察民情；一天，他与他的司机路过崎岖山路的时候，被前方的一块大石头挡住了去路。推又推不动，人不够多，这可难坏了有公务在身的省长；这时司机灵机一动，想到了一个好办法，你猜司机想到了一个什么办法呢？

★ ★ ★ ★ ★ ★ ★ ★ ★ ★ ★ ★ ★ ★ ★ ★ ★ ★ ★ ★

88. 豹的食量

动物园有两只豹，每只雄豹每天吃3公斤肉，每只母豹每天吃2公斤肉，每只小豹子每天吃1公斤肉；今天总共送来了2公斤肉，但已经足够它们吃了。请问，是否至少有一只豹子会挨饿？

89. 八边形

如果一个圆是1，那么，一个八边形是多少？

★★★★★★★★★★★★★★★★★★★★★★★

90. 乐队里的"灵魂人物"

在一个乐队里，有一样乐器，不是用来吹、拉、弹、拨的。但没有它，乐队就不能演奏，这一样乐器是什么？

91. 星期几

3天前是星期五的前一天，你能马上告诉我，后天是星期几吗？

10号

星期四

92. 一道除法题

老师问同学们：50可以被2减几次？

93. 风中的蜡烛

桌子上有12根蜡烛，被风吹灭了3根，不久又被风吹灭了2根，请问，最后剩下几根？

★★★★★★★★★★★★★★★★★★

94. 漏气的轮胎

4个人自驾车去海边，车开了50公里到达了目的地。下车后，其中的一个人发现，车胎一直在漏气，但他们为什么没有发现，而是顺利地到达了海边？

47

95. 世界上最长的河

在尼罗河的源头被发现后，它被公认为是世界上最长的河。那你知道在此之前，世界上最长的河是哪条河吗？

★★★★★★★★★★★★★★★★★★★★★★★★★★★

96. 侦探博尼斯

侦探博尼斯接到报案，第一时间来到了案发现场。博尼斯发现琼斯先生的身体倒在办公桌上，头部穿了一个弹孔。博尼斯还看见琼斯先生的桌上有一台录音机，当他按下放音键时，惊奇地听到琼斯的说话声："我是琼斯，史密斯刚才来电话说，他要到此来杀死我。本录音将告诉警察局杀死我的是谁，我现在已经听到他在走廊里的脚步声，门开了……"。

紧接着咔嚓一声，说明琼斯把录音机关了。博尼斯的助手问："我们要不要去抓史密斯？"

"不"博尼斯说，"我确信是另一个能惟妙惟肖模仿琼斯说话声音的人杀死了他，然后弄了这个录音来陷害史密斯！"

博尼斯的想法最后被证明是正确的。你能说出是何原因吗？

97. 难分级别

在什么场合里，将军和元帅是同一个级别？

★ ★

98. 两两相望

有两个人，一个人脸朝东，一个人脸朝西地站着。他们没有走动，也没有照镜子；但他们却看到了对方的脸，这是为什么？

99. 相同音不同字

小朋友们现在拿出纸和笔，分别写出两个"王"字，然后在每个"王"字上填两笔。你会发现这时又形成了两个新的字，但这两个字的读音却是相同的。你能说出这是哪两个字吗？

★★★★★★★★★★★★★★★★★★★★★★★★★★★★★

100. 穿越森林

一个探险家来到森林探险，问："他最多能走多远？"

101. 会有太阳吗？

雨季的某天，半夜12点钟突然下起一场大雨，72小时过后，天空会出现太阳吗？

★★★★★★★★★★★★★★★★★★★★★★★★★★★

102. 南非怪人

在南非的某个岛屿上，有一个人看到另一个人的身体内有两颗心脏，而且都跳动得很正常。你说这有可能吗？

103. 疑点重重

有一位做生意失败的商人，被警察发现死在家中。导致死亡的原因是太阳穴中弹，死者倒在床上，身上及双手都盖着被单。离床不远处，有一支手枪摆放在地上。经过警方仔细检验后，证实与死者中弹的弹头相同。最后，警方判定，死者是因生意失败而被迫自杀的。

第二天，这条新闻便被各大报纸刊登，私家侦探查理看到后，立刻对助手说："这明明是一宗谋杀案，那些警员们怎么没有发现呢！"助手听罢，脸上充满疑惑。查理看见助手的模样，笑着说出了为何判断该案件不是自杀案。你猜想查理会说什么呢？

★ ★ ★ ★ ★ ★ ★ ★ ★ ★ ★ ★ ★ ★ ★ ★

104. 帮医生解心病

有一位十分热爱摄影的骨科医生在放长假，突然医院来电话说，有重症骨折的病人待他处理。他急忙赶回医院为患者做X光片和相关的治疗。当他忙完时从口袋里拿出相机，准备冲洗照片时，却发现底片全部曝光了。医生又苦恼又困惑，你能帮他解开心中的疑惑吗？

105. 聪明的神偷

古时埃及的皇宫里有3颗价值连城的钻石，为了防止被人偷去，便在装钻石的盒子内放了一条活生生的毒蛇，若有人想偷走它，定会被毒蛇咬死。

有一晚，神偷潜进皇宫里偷取钻石。他成功地偷走了钻石，但又没有被毒蛇咬。那么，神偷是如何偷取到钻石的？

★ ★

106. 池塘里的水

假设有一个池塘，里面有无穷多的水。现有2个空水壶，容积分别为5升和6升。问题是如何只用这2个水壶从池塘里取得3升的水？

107. 3个伙伴分可乐

有一个小朋友请两个要好的同学来家里做客，可是发现家里只剩下一瓶可乐了，我们快来帮她们想想办法，3个小朋友怎么分这一瓶可乐呢？

★★★★★★★★★★★★★★★★★★★★★★★★★★★★

108. 村庄里的独眼人

在大洋洲的某一个城市里，所有的人都只有一只右眼，这是为什么？

109. 爱炫耀的富翁

有一位大富翁他非常喜欢向人炫耀，他特意把钻石放在一个很大的窄口玻璃瓶内，然后邀请许多人到他家里来参观。某天的一个晚上，富翁发现他的钻石不翼而飞了。

经警探调查，得知在富翁外出后，有3个人先后接近过钻石。一个是负责清洁地毯的工人，一个是管家，一个是守卫。这3个人中，谁能够不移动玻璃瓶而把那颗钻石偷走呢？

请你动动脑筋，帮忙把窃贼找出来吧！

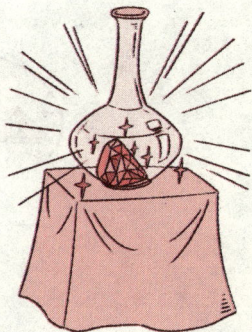

110. 业余"生意人"

一个人花8块钱买了一条鱼，又以9块钱卖掉了，然后他觉得不划算；花10块钱又买回来了，又以11块钱卖给另外一个人，问，他赚了还是赔了？

111. 一个看似简单的小题

为什么下水道的盖子是圆的而不是方的？

112. 两个空心球

两个空心球，一个是金的，一个是铅的；但大小及重量是相同的，空心球的表面都涂有相同颜色的油漆。现在要求在不破坏表面油漆的情况下，请辨认出哪个是金质的？哪个是铅质的？

113. 巧选钻石

一楼到十楼的每层电梯门口都放着一颗钻石，钻石大小不一。现在电梯从1楼到10楼，每层楼电梯门都会打开一次，只能拿一次钻石。请问，怎样才能拿到最大的一颗？

★★★★★★★★★★★★★★★★★★★★★★★★★★★★

114. 数椰子

有5个人结伴一起出海打鱼，不幸的是他们遇到了很大的暴风雨，迫使他们将船停靠在一个荒岛。他们发现这孤零零的岛上有一棵椰子树，还有一只猴子，大家把椰子摘下来放在一起，以便饥饿的时候吃。

到了晚上，其中一个有私心的人悄悄地起床，给自己私藏了一份椰子。然后又将椰子分成了5份，结果发现多了一个，就顺手丢给了旁边的猴子。然后把剩下的椰子放回原处，最后悄悄地回去睡觉了。过了一会儿，另一个人起来也做了同样的事。又过了一会儿，第三个人也悄悄地起床做了同样的事。最后，5个人都做过了同样的事。

早上起床后，大家开始分椰子，这时猴子不是一般的幸运，因为这次把椰子分成5份后居然还是多一个椰子，只好又给了它。问题出现了，分来分去，你知道这到底有多少个椰子吗？

115. 筷子的力量

将米倒进塑料杯里，用手将杯子里的米按一按，让米变得结实一些。然后用手按住米，从手指缝间插入筷子，请问，用手轻轻提起筷子时，杯子会一起被提起来吗？

★★★★★★★★★★★★★★★★★★★

116. 餐桌上的碗

小华过生日，请来5个小朋友一起吃饭。每人一个饭碗，2个人一个菜碗，3个人一个汤碗，请你算一算，他们一共用了多少个碗？

117. 排队

学校组织去植树，出发前要排队。从前面数起，菲菲排在第五位；从后面数起，菲菲排在第四位。请猜一下，有多少个同学在排队呢？

★★★★★★★★★★★★★★★★★★★★★★★★★★★

118. 神奇的报纸

不用胶水、胶布等任何黏合物，报纸却能粘在墙上不掉下来，这可能吗？要怎么样才能做到呢？开动脑筋吧！

59

---

119. 彩色乒乓球

一个盒子里放着几个彩色乒乓球，除二个以外都是红的，除二个以外都是蓝的，除二个以外都是黄的。问盒子里有多少个乒乓球？

120. 比长短

两根同样长的橡皮筋，第一根剪去它的一半，第二根剪去0.5米；问剩下的两段橡皮筋哪根长？

121. 微妙的关系

有3个人一起散步，第三个人说："第二个人是第一个人的孩子"；但第一个人却说："我不是第二个人的妈妈，他也不是我的儿子"；但他们所说的话又都是事实。那么，究竟是谁搞错了呢？

★★★★★★★★★★★★★★★★★★★★★★★★★★

122. 月球上的金属

如果将一块金属带到月球上去，那么，金属的密度和质量会发生变化吗？为什么？

123. 降落伞

在一个晴空万里的好天气里，有两个一模一样的降落伞。一个离地面500米，一个离地面300米。请问，它们的阴影哪个面积大？

★★★★★★★★★★★★★★★★★★★★★★★★★★★★

124. 兴奋的人

雨过天晴后，有一个人在街上狂奔，并且开始脱衣服。大家却没有觉得奇怪，这是为什么？

125. 瓶子赛跑

现在请同学们用一个长方形木板和两本书搭建一个斜坡。然后找来同等大小及重量相同的两个瓶子，分别将瓶子里装满沙子和水。再把两个瓶子放在刚刚搭建好的斜坡上，从同一高度让两只瓶子同时向下滚动。问装有沙子的瓶子和装有水的瓶子哪个先到达终点？

126. 一击即中

一天，老猎人对他的3个儿子说："每次带你们出去打猎，你们都一个比一个勇敢，今天我想考考你们哪个更有智慧。"于是，老猎人在盘子上放了4个大苹果，让3个儿子用最少的箭射掉全部苹果。大儿子比画了一下说："我要用三支箭"；二儿子一听，急忙说："那我只要用两支箭"；小儿子想了一下说："我觉得一只箭就足够了"。

老猎人听了很高兴，夸奖小儿子聪明，让大儿子和二儿子向小儿子学习。不仅要有勇还要有谋，大儿子与二儿子听了不服气，认为小儿子在说大话。

说话间，小儿子一箭射出，4个苹果果然全部落地。你知道他是怎样射的吗？

63

127. 水的"特异功能"

多股的水流用手一抹，竟变成一股水流，这是为什么呢？

★★★★★★★★★★★★★★★★★★★★★

128. 与数学无关的题

考试前夕，数学老师为了让同学们不必过分紧张，在课间给同学们出了一道与数学无关的趣味题。老师问：同学们知道如何判断暴风雨与你的距离吗？这可不是脑筋急转弯哦！

129. 白色康乃馨

　　将容器里装满水，滴入几滴红色食用色素，然后把一支新鲜的白色康乃馨放在水中，浸泡几个小时，不时地去看一下。试想一下，几个小时过后，这支康乃馨会变色吗？

★★★★★★★★★★★★★★★★★★★★★★★★★★★★★★★★★★

130. 当塑料瓶遇到温开水

　　将温开水倒入一个塑料瓶子里，用手摸摸瓶子，当感觉瓶身热了时，再把瓶子中的温开水倒出来；并迅速拧紧瓶盖。这时，慢慢观察瓶子，你会发现瓶子瘪了。这是为什么呢？

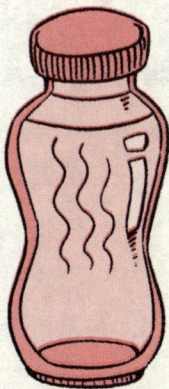

131. 蟋蟀声音的妙用

在荷兰每到炎热的夏日，就能听蟋蟀的叫声，尤其傍晚的时候，声音更为壮观。你能猜猜这些声音还有什么作用吗？

★★★★★★★★★★★★★★★★★★★★★★★★★

132. 数学小谜语

请同学猜一下：一笔债务，打一数学名词。

133. 以"退"为赢的比赛

同学们，你们知道人在做哪种比赛时，人是不往前冲，而是往后退的吗？

★★★★★★★★★★★★★★★★★★★★★★★★★

134. 会漂浮的针

在容器里装满水，小心地把针放到水里，发现针是浮在水面上的，你知道这是为什么吗？

135. 精打细算的厨师

一名厨师去买鸡蛋，他付给店老板12元钱。但是由于厨师嫌鸡蛋太小，又让店老板给他无偿的添加了2个鸡蛋。这样一来，鸡蛋的价钱就比当初的要价降低了1元钱。问这名厨师买了多少个鸡蛋？

★★★★★★★★★★★★★★★★★★★★★★★

136. 超强辨别力

小明的爸爸是一名海军，在小明刚出生没几天的时候爸爸就出海了。一年也没几次探亲的机会。这天是小明3岁的生日，妈妈对刚刚懵懂记事的小明说："爸爸要回来了。"话音未落，就从外面走进来3名海军，小明一下就抱住了爸爸的腿。想一想，3名海军同时进来，小明怎么会没有认错呢？

137. 绝顶好办法

　　小毛豆是个勤俭的好孩子，他把平日里的零用钱都放到存钱罐里，现在刚好100元整。一天，他要用75元去买复习资料，就把钱全都倒出来。可是由于都是硬币，十分得不好数。于是他想了一个办法，用很短的时间就数出了75元钱。你知道小毛豆用的是什么好办法吗？

★★★★★★★★★★★★★★★★★★★★★★★

138. 乔治夫妇的孩子们

　　乔治夫妇家有7个孩子，兄弟姐妹共7人。只知道A有3个妹妹，B有一个哥哥，C是女孩，她有两个妹妹，D有两个弟弟，E有两个姐姐，F也是女孩，但她和G没有妹妹。请你说一说，这7个人中哪个是男孩，哪个是女孩？

139. 给扑克牌排队

并排3张扑克牌，其中一张是A，A右边的两张中至少有一张J，而J左边的两张中也有一张J，3张中有一张是梅花，而梅花右边的两张中至少也有一张是梅花。你知道，这3张分别是什么牌吗？

140. 神秘的盒子

兔妈妈买回来一个盒子，盒子里面装着一样东西。小灰兔打开盒子高兴地说："原来盒子里面装了一只漂亮的小灰兔。"小黑兔见了却说："不对，盒子里面装的是小黑兔。"最后，小白兔忙跑来一看说："你们都错了，这明明是一只小白兔。"

到底谁说的对呢？盒子里到底装的是什么呢？

141. 我是冠军

小微、小丽和小美3个是要好的朋友。小微是校乒乓球冠军，小丽是校羽毛球冠军，而小美没有什么特长，只是业余爱好者，但有一天她却赢了这两位冠军。这是怎么回事呢？

142. 智慧的发明家

一位年事已高的发明家想找一位助手。一天，一个年轻人来到了发明家的工作室，这个年轻人自信满满地说："我相信您一定会录取我的，虽然我没有伟大的发明，但我有发明伟大的头脑。我要发明一种万能的溶液，它能溶解任何一种物体。"

发明家听后大笑，他问了年轻人一个问题。年轻人灰溜溜地走了，你知道发明家问的是什么问题吗？

143. 谁在说谎

　　妈妈在餐桌上放了一块蛋糕，可是刚出去了一下，回来后就发现蛋糕被吃掉了。问在场的3个孩子，是谁偷吃了蛋糕，老大说："我吃了，好好吃哦"；老二说："我看见姐姐吃了"；最小的老三说："总之我和二姐没有吃"。

　　假设3个孩子里有一个在说谎，那么，蛋糕是谁偷吃了呢？

★★★★★★★★★★★★★★★★★★★★★★★★★

144. 猎豹能跑多远

　　大家都知道月球的重力是地球的六分之一。动物园里的一只猎豹在地球上每小时能跑一百公里，如果把它放到月球上，它一个小时能跑多远呢？

145. 猫捉老鼠

有10只猫，在10分钟能捉到10只老鼠。那么，现在要多少只猫能在100分钟捉到100只老鼠呢？

★ ★

146. 小小玻璃球

一个小朋友站在2米远的地方，分别向5个盒子里扔5个玻璃球。那么，每个盒子里有一个玻璃球的概率是多少？

147. 别样的队伍

在课堂上，老师问同学们，24个人排成6排，要求是每队5个人，要怎么排?

148. 多彩网球

有红、黄、蓝3种颜色的网球各8个，把它们混杂放在一个黑色的小盒子里。那么，最少得摸出多少个网球才能保证两种颜色的球各一对呢?

149. 硬币游戏

桌上有5枚硬币，让硬币的国徽一面朝上。问：每次翻动2枚硬币，需要翻动几次才可以使带有数字的一面都朝上？

★★★★★★★★★★★★★★★★★★★★★★★★

150. 7封信

暑假期间，芳芳决定到乡下爷爷家度过假期；由于想念她的小伙伴，芳芳每天7封信，按时按点地邮寄出去，可是她的伙伴每天只能收到一封信。你知道这是为什么吗？

151. 快速分豆法

一个袋子里装有红豆和绿豆两种豆。一个人把两种豆倒在地上混杂在一起，他又能很快地将两种豆分开，请问这可能吗？

★★★★★★★★★★★★★★★★★★★★★★★★★

152. 惊险隧道

一位抗战时期的老游击队员回顾，当年为了送情报，在隧道里跑。这时，迎面过来一块大圆石头，方形的隧道和圆石的直径是一样的，但最后他还是按时把情报送到了。试问，你知道老游击队员是怎么躲开这块迎面而来的大圆石的？

153. 粗心的饲养员

一个粗心大意的饲养员，在一次给老虎喂食后没有把门关好，以至于老虎跑了出来。事情发生后，饲养员立刻报了警。现在考考小朋友们，在警察没来之前，饲养员躲在哪里是最安全的呢？

★ ★ ★ ★ ★ ★ ★ ★ ★ ★ ★ ★ ★ ★ ★ ★

154. 情况属实

小美在公园里散步，身旁站了一只狗，新来的邻居上前与小美打招呼，并问："你家的狗咬人吗？"小美说："我家的狗从不咬人"，话音未落，新来的邻居就被狗给咬了。

气急败坏的新邻居把小美和她的狗告上了法庭，后来经过法院调查，宣布邻居败诉，小美所说属实，这到底是怎么回事呢？

155. 漂亮的巧克力盒子

点点有一个很漂亮的心形巧克力盒子，巧克力吃完了，她决定用盒子装其他的糖果。这个盒子原本能装20颗巧克力。那么，现在要装多少颗糖果，盒子才会不空呢？

★★★★★★★★★★★★★★★★★★★★★★★★★★

156. 鱼缸里的学问

在一个装满水的鱼缸里，放一块小木头，你会发现水会慢慢地溢出来。现在往鱼缸里放一条与木头同等重量的金鱼时，水会不会溢出来呢？

157.　如何过桥

在一条河上有一座很窄的独木桥，每次只能容下一个人通过。这一天，有两人在桥上相遇，一个从南来，一个向北去，这两个人可能同时过桥吗？

★★★★★★★★★★★★★★★★★★★★★★★★

158.　思维的惯性

在纸上写上"月亮"两个字，让你的好朋友照着读10次，再快速地说15次，等他说完后，你马上问他，后羿射的是什么？他的回答一定会让你笑破肚皮。

159. 弹力球

将两个弹力球同时从2米的高度丢下去，猜一下，会有什么情况发生？

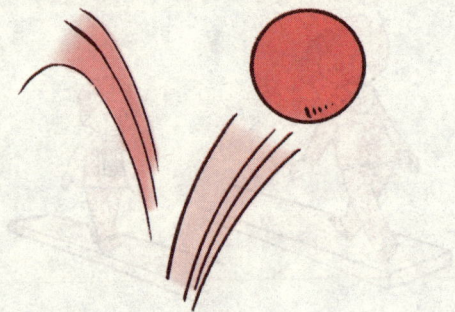

★★★★★★★★★★★★★★★★★★★★★★

160. 运气十足的毛毛虫

一只毛毛虫在悠闲地散着步，此时对面过来一位漂亮的姑娘，姑娘没有看到渺小的毛毛虫，大步的从它的身上走过去。当姑娘走过的时候，毛毛虫却没有死，仍然悠闲地走着，这是为什么？

161. 水涨船高

有一位第一天上班的海军，他想知道涨潮时每小时海水上涨有多少，但又不好意思问老兵。于是，他自己想了一个办法，他在船舷上放了一条绳子，将十条手帕系到绳子上；每个手帕相隔20厘米左右，又在绳子的下端系了一根铁棒，然后把绳子放到海里，让手帕刚好接触到海面。

请问，海军这样的做法能测量出潮水涨潮是多少吗？

★★★★★★★★★★★★★★★★★★★★★★★★★★

162. 刻苦的女孩

一天晚上，一个女孩正在读书。突然停电了，可是女孩依然读得很是投入，丝毫没有受停电的影响，这是怎么回事呢？难道女孩有特异功能吗？

163. 如何识别哪杯是水

有两个杯子，里面装着无色、无味的液体，可以肯定的是其中一杯是水。请问，你能用什么办法快速地分辨出哪个是水吗？

★★★★★★★★★★★★★★★★★★★★★★★★★★★★

164. 医生看病

一位老师感冒去医院看大夫，骨科医生却拿着药从里面出来了，这是怎么回事呢？

165. 爷爷的老式钟表

爷爷家有一个古老的落地钟，当钟报时的时候，声音的间隔是5秒钟。那么，如果钟连续敲12下，要用多少时间呢？

DANG！

★★★★★★★★★★★★★★★★★★★★★★★★★★★★★★★

166. 乘车快还是步行快

周末豆豆和好朋友约好要去动物园看熊猫。这段路程豆豆乘公共汽车需要20分钟，走路则需要40分钟。左等右等公共汽车还是不来，豆豆决定步行去动物园，正当他走到一半的时候公共汽车来了，豆豆选择了上公共汽车与好朋友汇合。

问：豆豆一开始做公共汽车快还是半路坐公共汽车快？

167. 趣谜

一个小姑娘，住在清水塘，穿件粉红衫，坐在绿船上。（打一种植物）

身穿绿衣裳，肚里水汪汪，生的儿子多，个个黑脸膛。（打一种水果）

样子长得像水果，老了就把绿袍脱，穿上红袍惹人爱，味道酸甜又解渴。（打一种蔬菜）

远看一堵墙，近看一排房，头上起浓烟，脚下隆隆响。（打一种交通工具）

有面没有口，有脚没有手，虽有四只脚，自己不会走。（打一种办公用品）

★★★★★★★★★★★★★★★★★★★★★★★

168. 密封的房间

一个人被关在一个密封的房间里，只有一扇门，但却怎么也推不开，后来他居然出来了。请问，这个人是如何出来的？

169.　一封遗书

有一位亿万富翁，乘坐自己的私人飞机在去往别墅的路上死了，他的驾驶员向警方报了案。驾驶员称富翁是自己打开机舱门跳下去的，还留有遗书为证。警方按照驾驶员所说，果然在飞机的座位上找到了富翁留下的遗书。但也正是这封遗书说明了事实的真相，原来真凶就是报案的驾驶员，是他将富翁推下了飞机致死的。

开动脑筋，说说富翁到底是怎么死的？

170.　原来如此

某天早上，一位老爷爷来到警察局报案，说他在晨练的时候看到河面上漂着一具死尸。公安人员接到报案后，火速赶到了现场，从表面现象看这个人可能是跳河自杀；经过法医尸检后，在死者的内衣里发现了一只蟑螂。

刑警队长立刻断定这个人死于室内，后移尸到这里。队长如此肯定，你知道他是根据什么才这么说的吗？

171. 酒鬼猜拳

有两个酒鬼在猜拳，可是老是分不出胜负。于是，其中一个酒鬼说："不如我们再找一个人加入吧！这样就不会总是打成平手了。"你觉得这个人说的对吗？

★★★★★★★★★★★★★★★★★★★★★★★★★

172. 业余赛车手

皮特是一个业余的赛车手，在一次长达10000公里的比赛中，皮特为了使包括备用轮胎在内的5个轮胎的磨损度一样，他在行驶的过程中轮流使用这5个轮胎。那么，你知道每个轮胎行了多少公里吗？

173. 握手

在一次圣诞聚会上，每一个人都与在场的其他友人握一次手，刚好一共握了15次手。你能猜得出一共有多少人参加这次聚会吗？

174. 错在哪里

玛莉是一家小商店的收银员，她每天要做的工作内容是收取大量的现金，到晚上时还要做当日的结算工作。

一天，玛莉在晚上做结算时，发现现金比账面上的钱少153元。她知道实际收的钱是不会出错的，很可能是在记账的时候点错了小数点而造成的。

现在，就请你帮玛莉找到这个错数，它是多少呢？

175. 天平识硬币

有一个天平和8枚硬币，其中有一枚硬币是假的，分量要比真的硬币轻很多。你知道如何才能找到那枚假硬币吗？

176. 抢救果园的妙法

农夫有一块边长100米的正方形果园。转眼间到了水果成熟的季节，农夫为了防止一年的收成被偷，决定在边界处每隔10米的地方插上一根柱子，再挂上铁丝网将果园围起来。这样算来，农夫需要买多少根柱子？

177. 试试就知道

有一个能装20升水的水桶，你能用它量出10升的水吗？

12升

★★★★★★★★★★★★★★★★★★★★★★★★★★★

178. 牧马人分马

牧马人有21匹马，他想把它的马圈在一个正方形的马圈里，于是用栅栏隔成4个一环套一环的正方形马圈。

问：若想让这些马圈里即有偶数匹马，也有奇数匹马，每个马圈里的马数量分别是多少？

179. 巧妙的重合

自习课上，同学们在讨论几何题。这时，一名同学说他能在一张纸的不同位置上画两个圆，而且还能让这两个圆不差分毫地重合在一起。他真的能做到吗？

★★★★★★★★★★★★★★★★★★★★★★

180. 袋子里的苹果

班级要开元旦晚会，老师派班长去买些水果。班长将买来的100个苹果分别装在6个大小不一的袋子里，每个袋子里装的苹果数量都含有6这个数。请问，这6个袋子里各装了多少苹果？

181. 最佳救火路线

河的两边住着甲、乙两家人，虽然有一条河相隔，但却没有因此阻挡两家人的友谊。一天，甲出去探访亲友，让乙帮忙照看一下家。不料甲家突然失火，乙立即挑着水桶去河里打水救火。问题来了，乙要选择什么样的路线才能以最快的时间到达甲家救火呢？

★★★★★★★★★★★★★★★★★★★★★

182. 国王选花匠

国王有一个十分漂亮的花园，打算请一位全国最优秀的花匠来管理。于是，国王命人召集了全国所有手艺最好的花匠来报名，同时报名的花匠要推荐另一位花匠做自己的助手。

很快，国王心目中就有了中意的人选，你猜国王会选谁呢？

183. 淘气的叮当

在一个冬日的下午，叮当提前放学回家。但是爸爸妈妈还没有回来，自己又没带钥匙，于是叮当在院子里踢起球来。玩的正高兴的时候，一个不小心叮当把球踢到了自己家的窗户上，打碎了玻璃，叮当心想这回自己可闯了大祸了。

过了一会儿，爸爸和妈妈回来了，他们找遍了整个屋子也没有找到那个闯祸的球，球到底去了哪里？总不会是长脚飞了吧？

★★★★★★★★★★★★★★★★★★

184. 一桩命案

清早，有人在公园的草地上发现了公主和王子的尸体，他们的身上没有任何伤痕，也没有中毒的迹象，唯有在身边有两条断了的链子。

这到底是怎么回事？难道公主和王子是被皇后害死的吗？

185. 识鸡蛋的小技巧

桌上有两个鸡蛋，一个是生的，一个是熟的。要怎么才能快速地知道哪个是生鸡蛋？哪个是熟鸡蛋呢？

记住不能把鸡蛋打开哦！

★★★★★★★★★★★★★★★★★★★★★★★★★

186. 无名英雄

飞毛腿是一个很善于赛跑的高手，经常获得大赛第一名，尽管屡获殊荣，但飞毛腿总是得不到任何奖品。这是为什么呢？

187. 下人的上策

很多年以前，在某一个生活富裕的部落里，部落首领对该部落的一头神河马照料得十分周到。首领每逢生日，他和他的收税官就会带着这头河马一起乘上华丽的彩船，沿河游览到处收税。

当地的习惯是，交给首领的金币重量必须同这头神河马的体重相等。首领把神河马喂养得很好，河马越长越肥壮，以致有一年天平的杠杆竟然给称断了，而这根杠杆需好几天才能修好。

首领脸色大变，对手下人说："我今天要把金币收上来，而且一定要如数收齐，如果在太阳落山之前，还想不出办法，我就杀你的头。"

可怜的下人集中精力、苦苦思索了几小时之后，突然想出一个好主意。你能猜出他想的是什么吗？

★ ★ ★ ★ ★ ★ ★ ★ ★ ★ ★ ★ ★ ★ ★ ★

188. 残疾人乘车

一位残疾人上了一辆公共汽车，车上的人都用很同情的眼光看着他，但是却没有人给这位残疾人让座。这是为什么呢？

189. 书法家的收费标准

有一位书法家，他写"汉字"是40元钱、写"英文"要60元钱、写"你的名字"要80元钱、写"你朋友的名字"要120元钱。根据以上的价格表，你能算出这位书法家写每个字的单价吗？

190. 勇敢的人

有一个十分勇敢的人，要去魔鬼森林寻找传说中的宝藏。在通往魔鬼森林的路上每一个关卡都要收取一点费用，每一个带钱进入魔鬼森林的人都要被没收一半钱币，再退还一个钱币。勇敢的人经过了十个关卡后，终于到达了魔鬼森林，这时他的身上只剩下二个钱币。

那么，你知道这位勇敢的人最初带了多少个钱币吗？

191. 花仙子的玩具

美丽的花仙子有3个布娃娃、3个小熊、还有两个八音盒，现在把所有的玩具都堆放在一起，一共有几堆玩具呢？

192. 小白兔和大灰狼

一只小白兔和一只大灰狼分别住在河的两岸。一天，小白兔和大灰狼都要到河的对面去办事，而过到对面唯一的路就是河面上的一座桥，奇怪的是小白兔安全并顺利地到达了对面，大灰狼为什么没有吃小白兔呢？

193. 好朋友间的游戏

婷婷和玲玲一起玩跳绳游戏，玩着玩着婷婷对玲玲说："我用绳子做一个圆圈，你肯定跳不出去。"这是怎么回事呢？

★ ★ ★ ★ ★ ★ ★ ★ ★ ★ ★ ★ ★ ★ ★ ★ ★ ★

194. 家庭拔河比赛

亨利一家人在假日里举行了一次拔河比赛。其中有三场比赛的结果是：

第一场：父亲为一方，两男三女为另一方进行比赛，结果父亲获胜。

第二场：母亲为一方，一男四女为另一方进行比赛，结果母亲获胜。

第三场：父亲加一个儿子为一方、母亲加3个孩子（三女）为另一方进行比赛，父亲的一方获胜。

问：母亲加两个男孩与父亲加3个女孩进行拔河比赛，结果将会怎样？

195. 特殊的比赛

在一次长跑比赛中，小牛的爸爸不如小马的爸爸跑得快，得了第二名。请问这是为什么？

★★★★★★★★★★★★★★★★★★★★★★★★★★

196. 小强的午饭

小强每天都在学校的食堂吃中午饭。这天，小强吃过午饭后又要了一杯饮料，一共花了6元钱，午饭比饮料要多5元钱。请问：小强买饮料花了多少钱？

197. 只看不偷的小偷

一天晚上，一个小偷看到一个很大的钻石，他用很爱慕的眼光欣赏了半天，又把钻石放回原处，这样的举动实在与他的身份不相符。难道后面有警察，他不敢偷吗？还是另有原因呢？

★ ★

198. 分饮料

有21杯饮料，7个是满杯、7个是半杯、还有7个是空杯。现在请你将这21个杯子，平均分给3个人，你会怎么分？

199. 与众不同的学校

在一所学校里，有很多同学，但他们却不吵也不闹，就连上课的时候也没有发言声，这是为什么？

200. 佐罗的环岛计划

佐罗正在计划一次盛大的环岛航行，美中不足的是这两艘舰艇的燃料消耗量较大，所能装的木柴只够烧24小时，航行120海里。佐罗的海军朋友提醒他，该岛的周长可不止120海里，让他小心行事。

此时，佐罗一位数学教授朋友说：环岛航行是可以完成的，你知道这位朋友给佐罗出了什么主意吗？

201. 杯子实验

大家一起来做一个实验，把水杯放进装满水的水盆里，想要保持杯子的底部是干的，要如何才能做到？

★★★★★★★★★★★★★★★★★★★★★★★★★★★★

202. 奖罚分明

张老师用篮子拿来了3个苹果，打算分给今天得小红花的3名同学，可是苹果分完了，张老师发现篮子里还剩下1个苹果，难道是张老师多拿了一个苹果吗？

203. 5名嫌疑犯

有一个侦探逮捕了5个嫌疑犯。这5个人供出的作案地点有出入，侦探做了进一步审讯之后，5个人分别做出了如下的申明：

A说：5个人当中有一个人说谎。

B说：5个人当中有两个人说谎。

C说：5个人当中有3个人说谎。

D说：5个人当中有4个人说谎。

E说：5个人全说谎。

现在，只能释放说真话的人，该释放哪几个人呢？

204. 两杯沙

有两个装满沙子的杯子，一个杯子里面装的是粗沙，一个杯子里面装的是细沙。请问，如果要把两杯沙子混在一起，重新装进两个杯子里，还能将两个杯子装满吗？

205. 旋转木马

小米得意扬扬地坐在飞快旋转的木马上，并向大家提了一个问题：坐在我前面小朋友的人数的三分之一，加上坐在我后面小朋友的人数的四分之三，就等于坐在木马上玩耍的孩子的总数。

试问：有多少小朋友坐在旋转木马上？

★★★★★★★★★★★★★★★★★★★★★★★★★

206. 聪明的姐弟

这是道不算数学题的题。姐姐给弟弟9根火柴，要他做出一种排法看起来像个"十"。弟弟不甘示弱，他也给姐姐6根火柴，要她拼出一个看上去一无所有的图形。两个聪明的孩子都做到了，你知道他们是怎么做的吗？

207. 剪指甲

爸爸1分钟可以剪好5只自己的指甲。那么，5分钟内爸爸可以剪好几只自己的指甲？

★★★★★★★★★★★★★★★★★★★★★★★★

208. 找零钱

小华带50元钱去商店买一个价值38元的模型小汽车，但售货员只找给他2元钱，这是为什么？

209. 独特的卡片

这张卡片写对了，你知道是为什么吗？

★ ★ ★ ★ ★ ★ ★ ★ ★ ★ ★ ★ ★ ★ ★ ★

210. 老牛吃嫩草

在广阔的草地上，有一头牛在吃草，这头牛一年才吃了草地上一半的草。问：它要把草地上的草全部吃光，需要几年的时间？

211. 奔跑的马车

已知。6匹马拉着一架大车跑了6里路，每匹马跑了多少里？6匹马一共跑了多少里？

★☆★☆★☆★☆★☆★☆★☆★☆★☆★☆★

212. 贪吃的小狗

一只绑在树干上的小狗，贪吃地上的一根骨头，但绳子不够长，差了5厘米。你能教小狗用什么办法抓着骨头吗？

213. 徒步爱好者

有8个徒步爱好者，想从甲城到乙城去，这段距离他们要走两天。那么，12个人从甲城到乙城要走几天？

★ ★ ★ ★ ★ ★ ★ ★ ★ ★ ★ ★ ★ ★ ★ ★

214. 公园里的树

公园的路旁有一排树，每棵树之间的间隔是3米，现在请问小朋友们，第一棵树和第六棵树之间相隔多少米？

215. 怪异的时钟

双休日小明在家做作业，突然听到时钟刚敲了13下，他现在应该怎么做？

★★★★★★★★★★★★★★★★★★★★★★★★★★

216. 迷你趣味题

数学教师给同学们出了一道题，问：把8分成两半是多少？同学们很快回答出是4，但老师说还有其他的答案。你知道老师指的其他答案是什么吗？

217. 妈妈分桂圆

田田的妈妈有7个桂圆，想平均分给3个孩子，但还剩下1个，妈妈怎么办好呢？

★★★★★★★★★★★★★★★★★★★★★★★★★★★

218. 数猫咪

设想一下，在一个房子的4个角落里，每个角落有1只猫，每只猫前面有3只猫，请问，房里共有几只猫？

219. 长在身上的秘密"武器"

在学校的游泳馆里，教练对小林说："你这次游100米，用的时间是刚才游50米的3倍。"

小林看了看教练说："您并没有计时器啊！怎么说得这么精准呢？"

教练说："我的计时器就在我的身上，只是你没有发现。"

小林糊涂了，你能帮糊涂的小林找出答案吗？

★★★★★★★★★★★★★★★★★

220. 三好友下棋

有3个好朋友，周日相约去下棋，总共下了3盘。问：他们每个人各下了几盘棋？

221. 聪明的"傻瓜"

有一次，某公司总裁在做年终总结时，有一个青年递给他一张纸条。总裁打开一看，上面只有两个字："傻瓜"。总裁脸上掠过一丝阴云，随即镇定地说了一番话，便缓解了这个小尴尬。

试问，你知道总裁是怎么说的吗？

★ ★

222. 巧用智慧取礼物

在一根4米长的竹竿上面吊着一包礼物，要想拿到礼物有两个条件：一是不能把竹竿倾斜或横放，二是不能垫着东西登高拿。快想一想，要怎么才能拿到礼物呢？

223. 包饺子

小红的妈妈是个面点师，她有3个徒弟。3个人包100个饺子用了30分钟，现在要包150个饺子，需要用多少分钟？

224. 难得的休息日

小飞的妈妈是一位白衣天使，最近医院里来了好多流感患者，以至于连着加了5天班。这天，小飞的妈妈终于休息了，她回家后一次撕下这5张日历，这5天日期的数字相加的和是45。问：小飞妈妈回家这天是几号？

225. 剪不断的绳子

朵朵将一根绳子用剪刀把它剪断了，但结果仍然是一根绳子，为什么？

★★★★★★★★★★★★★★★★★★★★★★★★★★★

226. 6路电车

明明乘坐6路电车到公园去参观展览。在车上他发现每隔一分半钟就有一辆6路电车迎面开来，如果所有6路电车的速度都相等，那么6路电车在公园起点站每隔几分钟开出一辆车呢？

227. 哪个更省时

拨打电话110和120，哪个所花的时间更短？

★★★★★★★★★★★★★★★★★★★★★★★★

228. 复杂的亲属关系

张先生没有兄弟姐妹，但这个男孩的父亲却是张先生父亲的儿子，那么这个男孩到底是谁？

t>25fort>25

ng_effrt>25

t>25fort>25

oninrt>25

229. 勇敢的人

在一列时速200公里的列车上，一个被风吹乱了头发的人，没有手扶任何东西却悠闲地站在列车顶上。这是怎么回事呢？

230. 白手套与黑手套

5双白手套与5双黑手套混装在口袋里，如果你要保证摸出一双同色的手套，至少要摸几只？

231. 超前想象力

大胆地想象一下，你用力扔皮球，不让皮球碰到其他物体，而使球回到你手里，这能做到吗？

★★★★★★★★★★★★★★★★★★★★★★★★★★

232. 他说得对吗？

有个小学生说：我们学校是全市最大的学校，学生中有属牛、属马、属羊、属什么的都有。问：她说得对吗？

233. 空中飞人

在海拔1500米的高空中，一架直升机在上空盘旋，这时从机舱里钻出一个人，勇敢地向地面跳去，他并没有带降落伞，跌到地面上也没有受任何伤。你知道这是怎么回事吗？

234. 酒杯与水杯

在一次实验中，老师把水杯中的水倒入酒杯中二分之一，然后再把酒杯中的混合液体倒入水杯中一些，使两个杯中的液体仍然相等。请问，是原来的水杯中的酒多，还是原来酒杯中的水多？

235. 大胆的猜测

试着做一下，将你的左手不动，在你身上放一样东西，让右手去摸，可是右手却怎么也摸不到，你知道这东西放什么地方吗？

★★★★★★★★★★★★★★★★★★★★★★★★★

236. 唐老鸭做生意

一天，唐老鸭开起小店做起了生意。小狐狸第一个来捧场，拿一元钱买走了一个鸭蛋，唐老鸭找给他2张钞票。第二天，小狐狸又拿了一元钱买了同样的两个鸭蛋，唐老鸭又找给他2张钞票。第三天，小狐狸又拿了一元钱买了同样的三个鸭蛋，还是找回2张钞票。第四天，小狐狸还是拿了一元钱想买4个同样的鸭蛋，可是这回唐老鸭说小狐狸的钱不够了。

小朋友，请你想一想：鸭蛋多少钱一个？每次找回的钞票面额是多少？

237. 神奇的魔术

一位魔术师每次可以把现两块糕点和一根香肠变成二根香肠和二根香蕉；也可以把一块糕点和二根香肠变成三根香蕉。那么，若魔术师现在有五块糕点和二根香肠，他最多能变出多少根香蕉呢？

★ ★ ★ ★ ★ ★ ★ ★ ★ ★ ★ ★ ★ ★ ★ ★ ★

238. 重获新生的死刑犯

一天，国王对一个判了死刑的犯人说："想让我饶你不死可以，但你要答对一道题，我就饶你不死。"说着，国王在纸上用笔画了一条线，然后对犯人说："不许把这条线截断，但是你要把这条线变短。"

这可是个难题，试问，他怎么才能逃过这一劫呢？

239. 安然无恙的鸡蛋

试想一下，在一个空空如也的正方形实验室内放4颗鸡蛋，再将一个大铁球在屋内进行滚动，鸡蛋放在哪里是最安全的呢？

★★★★★★★★★★★★★★★★★★★★★★★

240. 急中生智的小英雄

小朋友们都知道张嘎是一个小抗日英雄。张嘎在刚参加游击队时，没有武器，只有胖墩送给他的一串鞭炮。一天深夜，游击队转移到了一个小村子，帮助乡亲们埋藏粮食和财物。因为时间紧人手少，队长就派张嘎代替哨兵，到村口的小桥边放哨，防备日本鬼子夜袭。队长告诉张嘎："如果发现鬼子，马上点燃鞭炮。"张嘎来到小桥边，把鞭炮挂在树枝上，然后隐蔽在河边的芦苇丛中。

没过多久，他突然感到小河对岸传来杂乱的脚步声，他睁眼一看，鬼子果然来偷袭了。于是，他赶忙掏出火柴要把火点燃。哪知慌乱中把挂在树上的鞭炮弄到了河里。在这万分危急的时刻，小张嘎情急生智，想出了一个危险但却十分有效的方法。

你能猜出张嘎用的是什么方法吗？

241. 智慧生意经

话说同行是冤家，在同一条街市相隔不远的地方各有两家鞋店。为了让自己的生意兴隆，老板灵机一动，计上心来。在店门口贴出告示："凡本店出售的各类鞋，如有质量问题，包修3个月！"顿时鞋店内顾客盈门，生意兴隆。

包修三个月

另一家鞋店的生意自然下滑了，店老板很是着急。因为他知道如果写出同类的告示，不仅没有新鲜感，更没有竞争力。于是他请来众好友商量对策，一时议论纷纷，其中一位朋友缓缓说道："只需改动一字，即可扭转乾坤！"

请你来猜一猜，改动了哪一个字呢？

242. 如何让等式成立

请问：6+6+6=1在什么情况下是成立的？

243. 草莓酱的重量

李奶奶买了一瓶新的草莓酱，但是她不知道草莓酱有多重，只知道连瓶子一起是5千克，吃了几天后，刚好吃去了一半，剩下的连瓶子还有3千克。

那么，你知道草莓酱和瓶子分别有多重吗？

★★★★★★★★★★★★★★★★★★★

244. 难题专家的难题

这是一道非同一般的题，他是一位世界知名的难题专家斯图亚特·科芬发明的。一只独木舟的两端各有一个可以容纳一个小球的凹陷，有一块隔板将这两个球分开来。如果你认为把球滚进洞里是件轻而易举的事情，那么要是将两个球同时滚进洞，该怎么做呢？

245. 重量一样吗?

把一个装有10只蜜蜂的密封瓶子放在秤上称,蜜蜂飞起来和停在瓶子上时,称得的重量是一样的吗?

★★★★★★★★★★★★★★★★★★★★★★★

246. 谁先到家

三兄弟从学校回家,走到公交车站,准备一有车就跳上去。可是,车一直没来。哥哥的意见是等着。

老二说:"还不如往前走呢,等车赶上咱们,再跳上去,等的时间已经可以走出一段路程了,这样可以早点到家。"

弟弟反对说:"那就不要往前走,而是往后走,这样我们就能更快地遇到迎面开来的车子,咱们也就可以早点到家。"

兄弟三人谁也不能说服谁,只好各走各的,大哥留在车站等车,老二顺着车行向前的方向走去,弟弟则向后走去。

分析一下,兄弟三个谁先回到家里?

247. 聋子司机

一天，一位住在市中心的夫人要去郊区访友，她招手拦了一辆出租汽车作为交通工具。在送她到目的地的路上，夫人喋喋不休，司机感到很厌烦。

于是，司机对她说："对不起，夫人，你说的话我一句也没听到，我的耳朵完全聋了，而我的助听器这一整天都不好使。"

夫人听他这么一说，就停止了说话。但当她下车后，她突然明白司机在对她撒谎。她是怎么知道司机在撒谎的呢？

★ ★ ★ ★ ★ ★ ★ ★ ★ ★ ★ ★ ★ ★ ★ ★ ★ ★

248. 数动物

天天这次考试进步了不少，妈妈决定奖励天天，带他去动物园玩一天。来到动物园，他们看到了好多好多的动物，数都数不过来。于是妈妈就想考考天天，问："老虎和鸵鸟加起来，一共有35个头，94条腿，你能帮天天算出老虎和鸵鸟各有多少只吗？"

249. 先选谁

在一个很黑暗的房间里有暖炉、柴油灯和蜡烛，可是只有一根火柴。请问，要想使这个黑暗的房间里有光亮，要先点燃哪一样呢？

★★★★★★★★★★★★★★★★★★★★★★★★

250. 猫和老鼠

想一想，为什么一只饥饿到极限的猫，看到老鼠后不去吃它，而是拔腿就跑呢？

251. 大胡子叔叔

王叔叔一天要刮四五十次脸，可是他的脸上却仍然有胡子，这是什么原因呢？

★★★★★★★★★★★★★★★★★★★★★★★★★★

252. 变脸术

一个黑人罪犯被警察追捕逃到一家白人俱乐部，警察把那家俱乐部里里外外找了好多遍，可就是没有找到那个罪犯，为什么会这样？

253. 秋游

学校组织去秋游，老师和学生加起来一共是100人。到了午饭时间，领队的老师将带来的100份午饭留下了一份，然后按照老师每人2份，学生2人一份分下去，刚好合适。

你能推算出这次秋游的老师和同学各是多少人吗？

★ ★ ★ ★ ★ ★ ★ ★ ★ ★ ★ ★ ★ ★ ★ ★

254. 谁最不怕冷

把一只鸡和一只鹅同时放到冰箱里，鸡死了，鹅却没有死，为什么？

255. 分遗产

一位寡妇将同她的孩子一起分她丈夫留下来的3500元遗产。按照当地的法律规定，如果生的是儿子，做母亲的可以分得的钱是儿子的一半。如果生的是女儿，做母亲的可以分得的钱是女儿所分的钱的两倍。最后寡妇生了一对双胞胎，现在，遗产应怎样分配才符合法律要求呢？

★★★★★★★★★★★★★★★★★★★★★★★★★★★★

256. 痴迷的音乐人

有一个特别痴迷音乐的人，无时无刻不在研究音乐，就连英文字母都不放过，他说：在26个英文字母中有两个字母是懂音乐的。

你知道他所说的两个字母是什么吗？

257. 不怕淋雨的人

有一个奇怪的人，当天空下起雨的时候，所有的人都跑到屋檐下去躲雨，只有他依然站在原地动也不动。请问为什么？

★★★★★★★★★★★★★★★★★★★★★★★★★

258. 选择死亡的方法

从前，有一个人触犯了法律，国王要将他判处死刑。这个人说了很多好听的话想求得国王的宽恕，国王却说："你犯的是死罪，没人能救得了你。但是，为了不让百姓说我是一个残忍的君王，现在我给你一次选择的机会，让你选择一种死法。"这个人听后十分高兴，他将他的选择告诉了国王，国王听后被他的聪明所折服，不仅没有杀他，反而给他封了官。

你知道这个人选择了一种怎样的死法吗？

259. 毛毛虫的愿望

冬天来了，毛毛虫终于有理由向爸爸要一件他一直想要的礼物了，可是当爸爸听到这个消息的时候，竟然晕倒了。是什么样的礼物让人这么难以接受呢？

★ ★

260. 谁是真正的大师

有一个年轻人想去理发，可是他发现在整条街上只有两家理发店，一个理发店里的理发师头发凌乱不堪，另一个理发店里的理发师头发修剪的很整齐。年轻人稍做思考便返回了第一家理发店，你知道这是为什么吗？

261. 平均分配

有两个形状、大小、重量都相等的瓶子，一只瓶子里面装的是多半瓶油，另一只是空瓶子。请问，如何能在没有任何称量工具的情况下，将两个瓶子里装有同等的油？

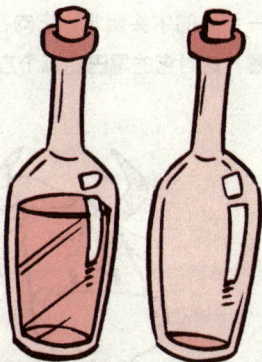

★ ★

262. 无人问津的"布"

爸爸给儿子出了一道脑筋急转弯的题：有一种很长、很宽的布，但是却没有人用它来做衣服，这是为什么吗？

263. 左三圈，右三圈

有一头牛的牛头朝北，它向右转了3圈，然后又向左转了3圈，接着再往右转了两圈，这时它的尾巴朝哪个方向？

264. 没得逞的"计"

小海是一个调皮的孩子。一天，他突然不想去上学，就让同学帮他带了一张病假条给老师。为了表明自己真的生病了，小海用圆珠笔写了满满一张纸来描述自己的病情，并强调自己是躺在病床上写的。

但老师看过之后，便知道小海是想逃课。你知道老师是怎么看出来的吗？

265. 让人惊讶的获奖感言

一位成绩平平的赛车手，在这次比赛上获得了冠军，接受记者采访时被问到："这次比赛得了冠军，能告诉我们你的秘诀是什么吗？"

冠军说："……"

他的回答惊讶全场，猜一猜，这位冠军的获奖感言吧？

★ ★ ★ ★ ★ ★ ★ ★ ★ ★ ★ ★ ★ ★ ★ ★ ★ ★ ★ ★

266. 沙漠中的狗

有一只公狗在沙漠中突然死掉了，经过检查发现，它并非死于饥饿和干渴，也不是因为疾病。同学们，你知道狗是如何死的吗？

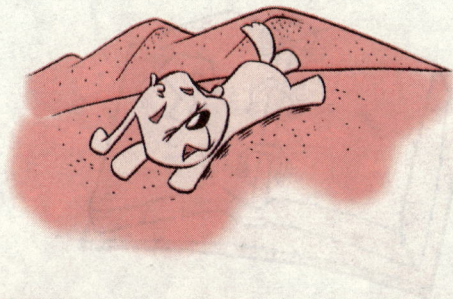

267. **在劫难逃**

　　一个逃犯为了能顺利地逃出这座城市，他逃到了一个化妆师的家里，逼着化妆师为他化妆。妆化的十分成功，连犯人本人都认不出镜中的自己，可是他一上街还是被抓了，这是为什么？

★★★★★★★★★★★★★★★★★★★★★★★★★★★★★

268. **不变的年份**

　　哪一年的年份写在纸上，再把纸倒过来看，这组数字是不会变的？

269. 婆婆的灭蚊绝招

夏天的傍晚，一个老婆婆在院子里乘凉，有一只蚊子落在她的脸上，老婆婆手都没有动一下，蚊子就死了，老婆婆是如何杀蚊的呢？

★ ★ ★ ★ ★ ★ ★ ★ ★ ★ ★ ★ ★ ★ ★

270. 一天到晚游泳的鱼

小朋友们，你们知道为什么鱼是只生活在水里，而不是生活在陆地上呢？

271. 分草莓

有100颗草莓，要分给25个人，要求谁也不许分到偶数。你能做到吗？

★★★★★★★★★★★★★★★★★★★★★★★★

272. 祖母的孙子们

祖母打算去看望孙子们。她做了一些包子，一边计算一边想着，每个孙子给几个包子呢？如果给他们每人5个包子，那么少3个，如果给他们每人4个，那么还多3个。祖母到底有几个孙子呢？

273. 相同有错误

在一次监考十分严密的考试中，有两个学生交了一模一样的考卷，主考官发现后，却没有认为他们作弊，这是什么原因？

274. 语出惊人的回答

50年代，周恩来总理兼任外交部长时，一次在北京举行记者招待会，他介绍了几年来经济建设的成就，以及我国的对外方针之后，轮到记者提问时，有一位西方记者急不可待地站了起来，结结巴巴地说："请问总理先生，中国有妓女吗？"对于这一不怀好意的问话，总理坦然自若，他不假思索地说："有。"这一回答，引起了全场的骚动。正在大家议论纷纷之际，总理紧接着补了一句，这句话一补，全场响起了一片掌声，大家无不为总理的妙语所折服。

试问，周总理补了一句什么话呢？

275. 半个人影

周末，小淘来到电影院看电影，可是为什么他没有看到半个人影，这是怎么回事呢？

★★★★★★★★★★★★★★★★★★★★★★★★★★★★★★

276. 飞行的方向

有两个人想驾驶飞机去环球旅行。一个人说："我向着北方飞行，只要保持方向不变，就一定能飞回现在的位置。"另一个人说："我向着南方飞行，只要保持方向不变，也一定能飞回现在的位置。"

你认为他们说的对吗？

277. 读书计划

黑妹是一名初中一年级的学生,她为自己制定了一个读书计划。每一天利用课外时间读20页的书。刚坚持了两天,到第三天的时候因去看望生病的姥姥没有赶回来,而耽搁了一天,其他的日子黑妹都按计划进行,问第六天黑妹读了多少页的书?

★★★★★★★★★★★★★★★★★★★★★★★★★

278. 作案时间

一天夜里,邻居听到了一声惨叫,早上醒来才听说原来昨晚发出尖叫声的人被害了。警察局派人来调查案发的确切时间,一位邻居说是12:08分;另一位邻居说是11:40分;对面饭馆的老板说是12:15分;还有一位绅士说是11:53分。

最后,4个人还补充说他们的手表都不是十分准,一个慢25分,一个快10分,还有一个快3分,最后一个慢12分。聪明的你能帮警察确定案发的时间吗?

279. 可以走遍世界的东西

爸爸给女儿出了一道题，小朋友们，我们一起帮她猜一猜吧！爸爸问："什么东西它可以很安静地在角落里躺着，也可以走遍世界？"

★ ★ ★ ★ ★ ★ ★ ★ ★ ★ ★ ★ ★ ★ ★ ★ ★ ★ ★

280. 优秀的士兵

小李是一名很优秀的士兵。一天，他在值勤的时候，明明看到有敌人向他的方向袭来，他却睁一只眼闭一只眼，你说小李还是一名优秀的士兵吗？

281. 细心的农夫

有一位细心的农夫，他每天都给鸡下的蛋写上日期，可是3个星期后，他却不知道哪些鸡蛋是哪天下的了，这是怎么回事呢？他明明标有日期的啊？

大家一起帮他回忆一下！

★★★★★★★★★★★★★★★★★★★★★★★★★★

282. 杀人犯与抢劫犯

监牢里有两个犯人，一个是杀人犯，另一个是抢劫犯。可是杀人犯却比抢劫犯先出来，这是为什么？

283. 残疾人买东西

有一个哑巴想买钉子把自己的画挂到墙上，于是他把一只手放在柜台上，另一只手握住拳头做敲打的动作，售货员给他拿来了一把锤子，哑巴连忙摇头。此时，售货员明白了哑巴的意图，给他拿来了钉子，哑巴高兴得买完钉子走了。

这时，又来了一位瞎子，他想买一把刀，请问，他要如何做，售货员才能理解呢？

★★★★★★★★★★★★★★★★★★★★★★★

284. 捕鸟计

远处的树上有10只漂亮的小鸟，小朋友们快想想，用什么好办法才能一下子把这些鸟全部抓住呢？

285. 医院里的凶杀案

某夏日的一天早晨，医院二楼单人病房的一名男患者死在病床上。但并不是病死的，而是胸部被刺了一刀致死。凶器匕首被从窗户扔到院子里。也许是怕留下指纹的缘故，刀柄上胡乱地缠着绷带，而且不知为什么刀柄上爬满了蚂蚁。经过调查，找出以下3名嫌疑犯。

第一个是：5号病房的肠道炎患者。

第二个是：7号病房的糖尿病患者。

第三个是：9号病房的肾炎病患者。

假如现在你是侦探，分析一下凶手会是几号病房的患者？

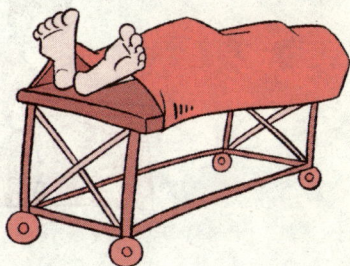

★★★★★★★★★★★★★★★★★★★★★★★

286. 进步神速

小华每次跑步都是跑在最后面，但这次却在体育考试上拿了第一名，怎么会进步这么多呢？

287. 简陋的办公室

有一个十分简陋的办公室，下雨时雨水经常会滴在工作人员的身上。有一天外面下着大暴雨，但工作人员一个都没有被雨水淋到，这是怎么回事呢？

288. 意外之财

一天，一位年轻漂亮的小姐找到山本先生，声称自己是一名杀手，可以帮他除掉他生意上的竞争对手，并且不会被人发现，但事成后山本先生要付给她一笔钱作为酬谢。果然一个星期后山本的助手告诉他，他的对手因心脏病死了。山本听后心里暗喜，按照之前的约定付了一大笔钱给那位年轻的小姐。

你知道那位年轻的小姐用什么办法使山本先生的对手病死，既没有引起警察的怀疑又得到了一笔数量可观的酬金呢？

289. 张某的酒量

公司组织聚餐，张某从上午11点一直喝到下午2点，平均每30分钟喝完一瓶啤酒。那么，在这段时间内，张某一共喝了多少瓶子？

★★★★★★★★★★★★★★★★★★★★★★★

290. 有年龄的山

在一个国家，有一座高山，海拔为12365米。当地人根据这一组数字，把这座山称之为"两岁山"。你能猜得出山名的由来吗？

145

291. 一道数学题

两位数学老师相对而坐在办公室里判卷子，他们为了一道数学题而争论不休，其中一个说："这个等式是正确的。"另一位老师则说："这个等式明明是错误的。"

请问：她们看的是一道什么样的数学题呢？

★★★★★★★★★★★★★★★★★★★★★★★★★★

292. 不打自招的凶手

茱丽叶在她豪华的别墅里惨遭杀害，名探马克闻讯后马上赶到现场，在尸体旁找到了一支手枪，而茱丽叶就是被手枪柄敲击头部致死。马克小心翼翼地吹去手枪上面的灰尘以便提取指纹，并叫助手通知茱丽叶的丈夫马上赶回家。

茱丽叶的丈夫看到妻子的惨状，异常激动地说："如果你们能找到那个敲死茱丽叶的凶手，我愿出5万美金作为酬金。"这时，只听见马克冷冷地说道："省下你的钱吧！和我们走一趟吧！"

马克是怎么知道真凶就是茱丽叶的丈夫的？

293. 美妙的音乐

人们在听音乐的时候心情都是愉悦的，会跟着一起哼唱，也会不时地鼓掌，唯有一个人在听音乐的时候手是不停地抖动的。这是怎么回事呢？

★ ★ ★ ★ ★ ★ ★ ★ ★ ★ ★ ★ ★ ★ ★ ★ ★

294. 运动服上的编号

小小去参加学校的运动会，老师发给他的运动服上的号码是由四位数组成。倒立着看这组号码时你发现比原来的号码要多7875。

你知道小小运动服上的号码是多少吗？

295. 销售的技巧

　　在国外的一些国家里，对星期天所卖的物品是有规定的。容易变质的商品可以出售，相反不容易变质的商品是不允许出售。有一位销售人员想到了一个好办法，即没有违反规定又销售了不允许出售的商品。你知道是什么办法吗？

★ ★

296. 夜幕下的穿行

　　一个司机在一个没有星星、没有月亮、没有开车灯的情况下在马路上行驶，突然他把车停下来，并走下车捡起地上的一块黑布。他是怎么看到的？难道他是透视眼吗？

297. 杯子之谜

把6只玻璃杯排成了一行。前3只杯子编号为A、B、C，把它们都装满了水；后3只杯子编号为D、E、F，是空的。现在，只允许动1只玻璃杯，如何使2只盛满水的杯子不会紧挨在一起。也不会出现2只空杯紧挨在一起的情况？

298. 13张纸牌

在一次纸牌游戏中，某一个人手中有13张牌。每种花色的张数都不同，但每种花色又至少有一张，已知红心和方块共有5张，红心和黑桃共有6张。那么，你能算出4种花色的牌各多少张吗？

299. 剧院的座位安排

在一个剧院里上演着精彩而动听的音乐会。门票很合理，男性观众每人5元，女性观众每人2元，小朋友每人收一角钱。现在120个座位统统都坐满了观众，而全部的入场费为120元整。

那么，你可以根据以上的数据算出男、女和小朋友各为多少人吗？

五元
二元
一角

★★★★★★★★★★★★★★★★★

300. 一杯咖啡

有一杯咖啡，当喝去一半时加满水，又喝去一半时再加满水，这样的情况重复了两次。现在，请你算一下一共喝了多少杯咖啡？

301. 125房间命案

深夜里，酒店的125房间里浓烟滚滚，住在一间套房里的郑小姐逃了出来，而另一间套房里的王小姐则被烧死在里面。经过尸检，发现王小姐在起火前已经被刀刺中心脏而死，屋内还有一个定时引火装置。

当探长了解情况时，郑小姐说："我因为有事很晚才回去，看到王小姐已经睡了，就回自己房间里休息。刚刚睡下，便感觉胸部郁闷而醒来，发现四周弥漫着烟雾，急忙大声喊叫王小姐，但她没有回应，于是我一个人跑到了室外。"

探长又找到平素与王小姐不和睦的李先生。李先生说："也难怪你们怀疑，我还收到一封恐吓信呢。"他拿出一封信来，上面写着：我知道你是刺杀王小姐的凶手，如果不想被人知道，必须在5月1日下午6时，带100万元现款，到xx车站的入口前。

这时，离案发时间只有3小时，聪明的探长立即发现了凶手。凶手是谁？又是怎么发现的？

★ ★ ★ ★ ★ ★ ★ ★ ★ ★ ★ ★ ★ ★ ★ ★

302. 聪慧的母亲

艾丽斯是一位很注重教育的母亲，她很爱她的孩子们，为了培养孩子的思维，艾丽斯经常出一些题来考她们。这一天，艾丽斯对她一对可爱的儿女说：你们知道地球上最大的影子是什么影子吗？大家也来参与其中吧！一起想一想！

151

303. 和谐的动物园

动物园里的大象人缘很好，好多小动物都喜欢和大象玩。一天，一只小松鼠跳到大象身上，并对在树上的另一只松鼠说：考你一道题吧！你说大象的左耳朵长得像什么？另一只小松鼠直挠头，小朋友们，你们知道大象的左耳朵像什么吗？

★★★★★★★★★★★★★★★★★★★★★★★

304. 手指暗语

安妮的外公心脏病突发，家人连忙把老人家送到医院抢救。当家人向医生询问老人的病情时，医生只举起5个手指，家人就哭了，这是什么原因呢？

305. 每天必做的事

小朋友，每个人早晨醒来都必须要做一件事情，你知道这件事是什么吗？

★☆★☆★☆★☆★☆★☆★☆★☆★☆★☆★☆★☆★☆★

306. 必经之路

有一个年轻人，他要去办事，但必须要经过一条河。这条河没有船也没有桥，他只能选择游泳过河，于是他便在上午游泳过河，只用了一个小时的时间便游到了对岸。当天下午办完事返回，他竟用了两个半小时才游到河对岸，河面是平静的，河水的宽度也没有变，更重要的是他的游泳速度也没有变，你说为什么？

307. 金币与银币

如果把一枚金币和一枚稍大一点的银币放在酒杯中，你能否不用手或其他工具，将金币从酒杯中取出来？

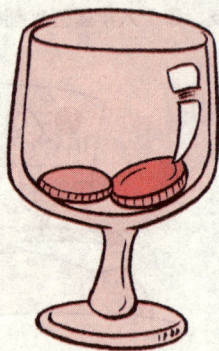

★★★★★★★★★★★★★★★★★★★★★★★★★

308. 遗嘱引发的敲诈案

亨利对安东尼博士说："我家有个老花匠叫马丁，三天前他跑到我的办公室，一边点头哈腰，一边傻笑着公然地向我索取15万美金，原因是他自称在修剪家父书房外的花园时，拾到一份家父丢弃的遗嘱，上面指定我在新西兰的叔叔为全部财产的唯一继承人，这消息对我来说犹如五雷轰顶。这份遗嘱比他所向我索取的金钱更有价值，因为这份遗嘱的签署日期是11月30日夜里1点钟，比已生效的遗嘱晚几个小时，所以它将会得到法律的承认。"安东尼博士，您看我该怎么办呢？"

安东尼博士说："我看，你应该一毛不拔，不予理会就是了。"

安东尼博士为什么这样说呢？

309. 突然下沉的舰艇

大海上有一艘舰艇，可以乘坐60人。但是，当舰艇上乘坐59人的时候，舰艇居然沉进海里了，舰艇并没有超重，这是怎么回事？

310. 难不倒的阿凡提

一天，有一位朋友拿着一幅照片来考阿凡提。这个人说："这幅照片是我和我的亲人及朋友合拍的，我的祖母生了两个孩子，而这两个孩子又各自生了两个孩子，外婆同样也有两个孩子，而孩子又各自有两个孩子。阿凡提，请你猜猜看，我共有多少个表兄妹？"

阿凡提思考了一会儿，便递给这位朋友一张纸。

聪明的你，请想一下，这位朋友共有几位表兄妹呢？

155

311. 捉螃蟹

周末小南与爸爸骑着摩托车去张伯伯家做客，临走时张伯伯送给小南家几只螃蟹。半路上装螃蟹的篮子坏了，螃蟹爬得到处都是，这时天刚好也有些黑了。快帮他们想一个办法，怎么才能很快地抓回螃蟹？

★ ☆ ★ ☆ ★ ☆ ★ ☆ ★ ☆ ★ ☆ ★ ☆ ★ ☆ ★ ☆ ★ ☆ ★ ☆ ★

312. 如何分配

问：如果把9个苹果分给13个小朋友，怎么分才是最公平的？

313. 兄弟比赛

兄弟俩进行100米短跑比赛。哥哥以领先3米取胜，哥哥到达终点时，弟弟才跑了97米，弟弟不服气，提议再比一次。这一次哥哥从起点线后退3米开始起跑，假设第二次比赛两人的速度保持不变，谁能赢得第二次比赛？

314. 谁的鼻子第二长

动物园里有很多动物，小朋友都知道大象鼻子是最长的，那你知道鼻子第二长的是什么动物吗？

315. 让老师哭笑不得的考卷

绘画课上，老师叫同学们画一只小鸟，大家都纷纷交上了自己作品，只有一个同学交了一张白纸，老师很气愤，这位同学说了一句话，让老师哭笑不得。你知道他说了什么吗？

★★★★★★★★★★★★★★★★★★★★★★★★

316. 湖泊周围的树

有一条湖泊的周长为1800米，沿着湖泊周围每隔3米栽一棵柳树，每隔两棵树中间栽一棵桃树，湖泊周围栽了柳树多少棵？桃树多少棵？

317. 老烟民戒烟

医生对一位老烟民说："如果你再不把烟戒掉，你的肺就会穿孔，近而威胁到你的生命。"老烟民考虑了一分钟说："我抽完剩下的7根烟就再也不抽了。"但老烟民又有一个习惯，每支烟只抽三分之一，然后用某种透明胶把三个烟头接成一根新的烟。

根据老烟叶民的习惯，在他成功戒烟前，他还能抽多少根香烟？

★ ★ ★ ★ ★ ★ ★ ★ ★ ★ ★ ★ ★ ★ ★ ★ ★ ★ ★

318. 爱运动的丽莎

丽莎很爱运动，这天丽莎在6点多一点时出发去健身房打网球，这时分针和时针为110度角，在不到7点的时候丽莎回来了，此时分针和时针刚好又呈110度角。

请问：丽莎出去了多长时间？

319. 海面上相遇的客轮

　　每天上午，一家公司的客轮都会从香港出发开往费城。同样，在每天这个时候也有该公司的一艘客轮从费城开往香港。客轮走一个单程需要用7天7夜。

　　请问：今天上午从香港出发的客轮，将会遇到几艘从对面开来的同一个公司的客轮？

320. 兔子的繁殖率

　　一对兔子每个月可以生一对小兔子，当小兔子出生后的第二个月也开始生小兔子。那么从刚出生的一对小兔子算起，满一年时可以繁殖出多少对兔子？

321. 巧用木板

有一个4米宽的山涧，下面是万丈深渊，山涧上没有桥，来往的人都是自带木板过桥。一次，一个大人带着3.9米长的木板要过到桥对面去，小孩子带了一根4.1米长的木板要过到这边来。大人带的木板短了一点，小孩子的力气小又搭不了桥。

快帮他们想一想，应该用什么方法才能够过到对面去？

322. 射击场上的特制靶子

射击场上有一只特制的靶子，每一环都有分数，从里到外的分数为：40、29、24、23、17、16。现在，如果你是一名射击手，想一下，你会需要多少只箭才能使分数正好等于100呢？

323. 相遇在哪天

某人有7位朋友。第一位朋友每天晚上都去他家串门，第二位朋友每隔一个晚上到他家串门，第三位朋友每隔两个晚上去他家串门，第四位朋友每隔3个晚上去他家做客。依此类推，直到第七位朋友每隔6个晚上会在他家出现。

问：这7位朋友会在多少天后才能在主人的家中碰面呢？

★★★★★★★★★★★★★★★★★★★★★★

324. 药剂师的苦恼

一家药店收到外地运来的某种药品10瓶。每瓶装药丸1000粒，每粒药丸的限定重量为100毫克。药剂师刚把药瓶放上货架，制药厂那边就来了一封电报。内容如下：

你好药剂师先生，这次给药店所发的药品经检查有误，有一瓶药丸每粒超重10毫克。请立即将分量有误的那瓶药退回。

药剂师先生很气恼，只好从每瓶中取出1粒药丸来称一下。药剂师先生刚要动手，他的助手拦住了他说："请等一下，没有必要称10次，只需称1次就够了。"

他的助手是如何做的呢？

325. 三位航海爱好者

3位航海爱好者共有一只小艇。他们想做出一种安排，使每个人都可以随时取到小艇使用，而又不被别人偷去。为此，他们用3把锁和一条铁链把小艇锁在岸边。每人只有一把钥匙，但都能用自己的钥匙把锁打开，而用不着等待另外两人带着他们的钥匙前来协助。

这个巧妙的安排是怎样做的呢？

★ ★ ★ ★ ★ ★ ★ ★ ★ ★ ★ ★ ★ ★ ★ ★ ★ ★

326. 4个赌徒

4个人在赌博，每一次都是3个人赢，一个人输。输的人要按赢者手中的钞票进行赔偿，就是说赢者手中有多少钱，输者就得给多少钱。已知玩过4次后，每人恰好输过一次，而且每人手中都正好有16块钱。

问：4人在赌博前手中各有多少钱？

327. 饿狼的传说

一条饿狼在一片荒野上发现有一只肥羊被关在铁笼里。这只羊太肥了。因此，它不能够从笼子的缝隙中出来，而这条狼很瘦，它能够从笼子的缝隙间挤进去。狼想如果它吃了这只羊，肚子变大后恐怕出不来。但这条狼必须尽快想出办法来。否则到了明天，羊的主人会带着枪来巡视。这条狼应如何吃掉这只羊而又能逃之夭夭呢？

★★★★★★★★★★★★★★★★★★★★★★

328. 当水位上升后

一艘船的绳梯悬挂在船的一侧，正好触及水面，这绳梯为每级梯蹬8英寸，那么当水位上升4英寸时，梯级会被淹没几个？

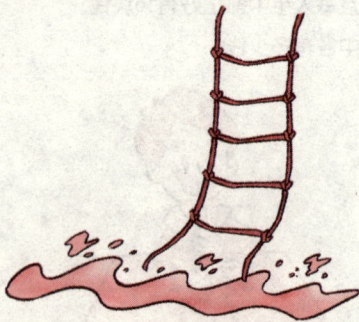

329. 秘密跟踪

刑警老方跟踪一个盗窃集团的头子已经3天了。这一天，这个家伙匆匆来到某邮局电话间，老方也装着要打电话的样子站在门外等，乘机向里张望，想看见他拨什么号码。但这个家伙十分狡猾，用自己的身子把电话挡得严严实实。

这时，老方灵机一动，立即打开随身携带的袖珍录音机。后来终于查出了这个盗窃集体头子与对方联络的电话号码。

请问，老方是怎样查出这个电话号码的？

★★★★★★★★★★★★★★★★★★★★★★★★

330. 检票

老教授搭乘火车旅行，列车长前来查票时，他竟找不到票，老教授急得满头大汗，列车长说："既然找不到就再补一张票吧！"

老教授说："这怎么可以，我一定要找到那张票。"你知道老教授为什么这么坚持吗？

331. 一问一答的对话

某学生上课时睡觉，被老师发现。

老师：你为什么在上课时睡觉？

学生：我没睡觉哇！

老师：那你为什么闭上眼睛？

学生：我在闭目沉思！

老师：那你为什么直点头？

学生：您刚才讲得很有道理！

老师：那你为什么直流口水？

学生：……

你能猜得到学生是如何作答的吗？

★★★★★★★★★★★★★★★★★★★★★★

332. 睿智的法官

王某是一家商场里的小职员，他以工作之便先后骗得9位顾客的钱。后来被人举报，司法机关追查时，王某为求宽大处理，承认骗了9人的人民币共2056元。

当法官听了王某的交代后，略加思索，当即指出他的坦白不彻底说："你诈骗的钱不是2056元，而是 6984元。"王某一听，吓得目瞪口呆，豆大的汗珠挂满额头，因为他诈骗的现款确实是6984元。

为什么法官能如此准确地推断出王某诈骗的金额呢？

333. 伟大的发明

设想一下在N年后，科学家发明一种能使人不需要睡眠的药丸。这种药丸非常流行，以至于每个人都在服用，这会引起什么后果？

★★★★★★★★★★★★★★★★★★★★★★★★★★★

334. 沙漠步行者

有一个人，他撑着一把阳伞在沙漠中行走着。突然，一只狮子朝他走来，他迅速地把伞收起来，并把伞当做枪向狮子瞄准，紧接着听到"砰"的一声，再一看狮子已经躺在血泊之中。

这是不可能的，伞是不可能在突然之间变成枪的，究竟是怎么回事？

167

335. 小白猫的感激话

一只小白猫掉进河里了，一只小黑猫把它救了上来。请问：小白猫上岸后的第一句话是什么？

★★★★★★★★★★★★★★★★★★★★★★★★★

336. 有几种摆法

用12根火柴可以摆成一个直角三角形。现在只需要移动其中的4根火柴就可以把三角形的面积缩小一半，想一下，有几种摆法？

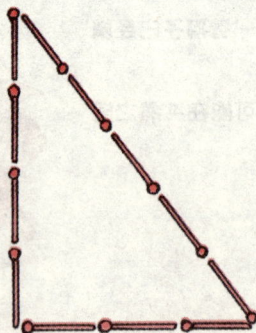

337. 剧毒西瓜

一位瓜农的西瓜田里，每天晚上都被小偷光顾。他想了很久，终于想到一个好办法。他在田地里写了一个告示牌，这些西瓜中有一个西瓜注射了剧毒！果然从第二天开始没有再丢一个西瓜。

一个星期后，他看到牌子上多了一行字，把他吓得当场全身凉了半截，你知道那一行字写的是什么吗？

★☆★★☆★☆★★☆★☆★★☆★☆★★☆★☆★

338. 另一个人的"名字"

有两个人到海边游玩，突然被一阵海浪袭来，卷走了其中的一个。请问剩下的那个人叫什么？

169

339. 寻狗启示

有一个人走失了一条名贵的狗。于是，她到当地的报社去发启事，内容如下："有好心人捡到我的狗，并主动送还者，我将悬赏100英镑作为酬谢。"可是，到了下午这条消息还没有见报，这个人只好到报社去看个究竟，结果她发现那里除了看门的以外，一个人也没有。

这个人心想，这是什么报社，也太不负责任了。这时，看门的人走过来说了一句话，让她解开了心中的疑问，你知道看门的人说了什么吗？

★☆★★★☆★★★☆★★★☆★★★☆★★★☆★★★☆★★☆★

340. 交换位置

如果将时针和分针交换位置，还能准确地表示同一时刻的时间吗？

341. 读信的人

有个人在看信，当有人问这个人在看谁写来的信时，这个人说："我没有姐妹，写信人的女儿是我母亲的孩子。"

请问，读信的人是在读谁写的信呢？

★★★★★★★★★★★★★★★★★★★★★★★★★

342. 家产引发的血案

兄弟俩为了争家产结下了仇。有一天，人们发现哥哥死了，此时的弟弟也失踪了，好多人都怀疑是弟弟所为。

警方在现场调查时却发现，现场有两种血型A和AB型，而死去的哥哥的血型是A型。死者的父亲血型为O型，母亲的血型为AB型。根据上述的材料，弟弟到底会不会是凶手呢？

343. 会预知的父亲

一位父亲带着儿子去爬山，爬了一会儿，儿子说累了，于是父子二人就在长椅上休息。这时刚好有缆车经过这里，父亲说："我们已经爬了一半了，再坚持一下我们就能到达山顶了。"儿子觉得很奇怪，问："爸爸你怎么知道我们现在爬了一半呢？"

聪明的你知道吗？

344. 谁叫谁起床

小朋友每天都是被爸爸妈妈叫起床的。那你知道太阳公公是怎么起床的吗？是公鸡叫太阳公公起床？还是太阳公公叫公鸡起床？

345. 给拳头称重

每个人的拳头都是有一定重量的，要想知道自己的拳头有多重，是可以测量出来的。但是，你知道该怎么测吗？

★★★★★★★★★★★★★★★★★★★★★★★★★★★★★★★★★★★

346. 杯下的纸

在桌上放一张白纸，然后用装满水的杯子把白纸压住。这时，你能否只用一只手就把杯子下面压着的白纸抽出来？

347. 自动剥皮的香蕉

我们都知道，在水果里香蕉是很好剥皮的。但你知道香蕉会自己剥皮吗？

找一个能足以让香蕉肉进到里面去的酒瓶，在瓶内倒进少量的白酒，用一根火柴把瓶内的酒点燃。然后立即把剥开一个小口的香蕉末端放在瓶口上，瓶口完全被香蕉肉堵住，让香蕉的皮搭在瓶口的外面。这时，你会惊奇地看到瓶子用力地把香蕉往里吸，直到香蕉肉全部掉进瓶子里，剥皮成功。

你知道这是什么原理吗？

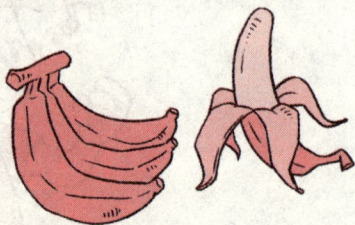

★★★★★★★★★★★★★★★★★★★★★★★

348. 遇到"熟人"

在丰盛的晚宴餐桌上，五成熟的牛排碰到八成熟的牛排，但他们却没有打招呼，你知道为什么吗？

349. 会写字的纸

小军自称能让纸自己写字，他真的难做到吗？又是怎么做的呢？

★★★★★★★★★★★★★★★★★★★★★★★

350. 谁是蓝衣间谍

在一列国际列车上的某节车厢内，有A、B、C、D4名不同国籍的旅客。他们身穿不同颜色的大衣，坐在同一张桌子上的对面，其中两个人是靠窗坐，另两个人是挨过道坐。只知道他们中有一名身穿蓝色大衣的旅客是国际间谍。

已知，英国旅客坐在B先生的左侧；A先生穿褐色大衣；穿黑色大衣者坐在德国旅客的右侧；D先生的对面坐着美国旅客；俄国旅客身穿灰色大衣；英国旅客把头转向左边望着窗外。

请想想看，谁是穿蓝色大衣的间谍？

175

351. 雨中漫步

下雨了，大家都急着回家，可有一个人却不紧不慢地走着，并且没有打伞。有人问他为什么不赶紧回家，他说了一句话，那人就晕了过去，请问，他说了什么话？

★★★★★★★★★★★★★★★★★★★★★★★★★★★

352. 屋内有多少人

在一个房间里有39条腿，这其中有人腿，还有几张3条腿的凳子和4条腿的椅子。你是否能根据上述，算出凳子、椅子、人各是多少吗？

353. 越冷越有味道

很多东西只有拿来煮才会发出香味。相反，有一个东西拿去冰起来反而更香。请问，你知道这个东西是什么？

354. 3个人的职务

甲、乙、丙3人是同班同学，其中一个是班长，一个是学习委员，一个是小组长。现在只知道丙比组长年龄大，学习委员比乙年龄小，甲和学习委员不同岁。你能从已知条件中分析出3个人的职务吗？

355. 难以跨越的宽度

一个人的前面放了一本又厚又宽的书，他想跨过去可怎么也跨不过去，你知道这是什么原因吗？

★★★★★★★★★★★★★★★★★★★★★★

356. 擦地的秘诀

一天，妈妈在家打扫卫生，可是她怎么也擦不干净地板。你能帮她想一个办法吗？

357. 急智脱险

有一位间谍为了搜集情报，混入了某国举行的一个外交聚会。他利用伪造的证件潜入会场，伪装成一个记者，背着相机和闪光灯。

这时，有一位保安向他走过来说："先生，请您把证件给我看一下。"间谍拿出了证件，那个保安人员细心地看了一会，突然说道："你的证件是伪造的，你到底是什么人？"他一面说，一面企图从口袋里取出手枪。间谍知道自己已暴露，必须立即逃走，他站的地方离大门很近，但如果就此转身，对方一定会拔出手枪，自己就会被击中。怎么办？

你能帮他想一个迷惑对方，争取时间逃走的方法吗？

358. 海洋馆里的鲨鱼

海洋馆里有一只名为晶晶的鲨鱼，很受大家的欢迎。一天，晶晶误食了一颗绿豆，它会怎么样？

359. 骗子村的老实人

刚搬到骗子村的老实人显然还不太习惯这里的生活方式。因此，他只在星期一说谎，其他日子说的都是真话。请问，老实人在星期二说的话会是什么呢？

★★★★★★★★★★★★★★★★★★★★★★★★★

360. 车主是谁？

如果有一辆车，司机是王子，乘客是公主，请问，这辆车是谁的？

361. 解密年龄

A、B、C，3个人的年龄一直都是一个谜。将A的年龄数字的位置对调一下就是B的年龄，C的年龄的两倍是A与B两个年龄的差，而B的年龄是C的10倍。

那么，请问，A、B、C，3个人的年龄各是多少？

★ ★ ★ ★ ★ ★ ★ ★ ★ ★ ★ ★ ★ ★ ★ ★ ★ ★ ★

362. 银行家之死

有一位银行家被杀，经过一番努力侦察，警方逮捕了3名嫌疑人，分别是大麻子、二流子和小矮子。他们做出了以下供词：

大麻子说："小矮子没有杀人。"

二流子说："大麻子在说谎。"

小矮子说："他说的是真的。"

结果是，3个人中有人说谎，不过真正的犯人说的倒是真话。请问，哪一个是杀人犯？

363. 河马夫人减肥记

河马夫人体重惊人，她决定减肥。数天后她去称体重，指针指向了零，可他丈夫还是要她减肥，为什么？

★★★★★★★★★★★★★★★★★★★

364. 地球上的怪东西

地球上有一种奇怪的东西，他能载得动万吨重物，却载不起一粒沙子。它是什么？

365. 痴狂的歌者

小郭很爱唱歌，就连刷牙时都在放声大唱，结果他还是可以把牙刷得很干净，你知道为什么吗？

答　案

1.请你帮字母来排队

答案：这些字母分别是1、2、3、4…数字的英文单词的第一个字母。依次排列下一个字母应该是"N"，即nine。

2.小篮球迷的难题

答案：丁丁可以把篮球的气放掉，再把球压瘪，这时球就成一个碗形了，然后把鸡蛋放在里面就能拿回家了。

3.什么地方你永远也坐不到

答案：可能。美美可以坐到爸爸的腿上，而爸爸却永远也坐不到自己的腿上。

4.如何分辨真假花

答案：将窗户打开，观察蜜蜂和蝴蝶落在哪朵花上，蜜蜂与蝴蝶多的那朵花就是真花了。

5.爱模仿的小猴子

答案：人们闭上了双眼，猴子也跟着闭上双眼，可当人们睁开眼睛做下一个动作的时候，猴子就不能及时地模仿了。

6.先喝到瓶底的可乐

答案：用吸管喝，这样最先喝到的就是最底部的可乐了。你想到了吗？

7.如何把鸡蛋立在桌子上

答案：能。只要把煮熟的鸡蛋轻轻地往桌上一磕，鸡蛋皮破了以后，鸡蛋就能

稳稳地立在桌子上了。

8.和超人斗智

答案：小智把线画在了超人的鞋底上，尽管超人无所不能，但也只有用步行好几天才能将这条线磨掉。

9.小馋猫切蛋糕

答案：只需要横切两刀，再竖切两刀就可以了。

10.小小蜡烛大学问

答案：把一根两头点燃，另一根一头点燃，当第一根燃烧完后，第二根再两头点燃，就可以得到15分钟的时间了。

11.魔镜告诉你

答案：因为照镜子时，镜子是与你垂直平行的，但在水平方向刚好转了180度。

12.一笔并不糊涂的账

答案：我们可以用推理的方法来计算。首先用20元钱买20瓶汽水是没问题的，再用20个空瓶子换10瓶汽水；喝完后再用这10个空瓶子换5瓶汽水，接着把5瓶分成4瓶和1瓶，前4个空瓶再换2瓶，喝完后2瓶再换1瓶；此时喝完后手头上剩余的空瓶数为2个，把这2个瓶换1瓶继续喝，喝完后把这一个空瓶换1瓶汽水，再喝完换来的那瓶后，再把空瓶子还给人家就可以了，以此推算最多可以喝的汽水数量为40瓶。

整理成公式就是：20+10+5+2+1+1+1=40

13.数字谜语

答案：陈先生的朋友之所以不敢确定狗的年龄，是因为陈先生爱犬的年龄有两

185

种可能性。一是狗的年龄分别为：9岁、2岁、2岁；另一种是6岁、6岁、1岁。相乘所得的结果"36"也刚好是陈先生的年龄。

14.天平秤更倾向于哪边

答案：天平最终会倾向西瓜那一边，原因是冰在高温下会融化成水，水又会在高温下蒸发。

15.谁才是真凶

答案：凶手就是小王。理由是如果有人在寒冷的冬日戴着墨镜入室杀人，一进到温暖的室内，镜片上一定会蒙上一层雾，从而根本无法辨认屋里的人，由此警察断定小王就是凶手。

16.错误的等式

答案：能。把减数50移去5。正确的等式为：25-0=25。

17.意外交通事故

答案：这道题刚一入目的时候，我们往往会不自觉地在心中认为外科大夫一定是男性，其实不然，这个外科大夫是小男孩的母亲。

18."家庭号"小船

答案：其实这3对夫妇有着更为亲密的关系，2对老夫妻各有3个孩子，天作之合下，这6个孩子结成了3对夫妻。这样一来，坐船的就只有5对夫妇，没有孩子一说了，自然也就没有违反规定了。

19.意思深刻的生日礼物

答案："你中有我，我中有你"的真正意思是：除220本身之外，把220的全部约数相加，得出的和就是284；同样，把284的全部约数相加（除284本身之

外），和刚好等于220。方法是1+2+4+5+10+11+20+22+44+55+110=284；1+2+4+71+142=220。

20.打"扑克"

答案：其实这不是游戏，四个人所打的扑克，其实是一个人，你猜到了吗？

21.这样公平吗？

答案：当然是不公平的。公平来分每个人应该吃6个苹果，而甲不过是多吃了乙的1个苹果，所以甲应该给乙2元钱。

22.升旗和降旗

答案：之所以说降旗的时间要比升旗的时间长，是因为降旗的程序是要把旗升起来，才算得上是降旗。

23.可爱的双胞胎

答案：假设当时是下午，哥哥说的就是假话，那么哥哥应该说：我不是哥哥，但是却没有听到这个答案，因此显然时间是上午。只要把时间定下来，谜底也就解开了，第一个发言的是哥哥，他所说的话也是真话。

24.别让思维冻成冰

答案：将"冰"的两点去掉就变成水了。

25.直立的比萨斜塔

答案：角度问题。仔细想一下，这并不稀奇，假设斜塔向南方倾斜。此时，如果你站在斜塔的南方或北方看塔当然是不会斜的！

26.你能分清是冷还是热吗？

答案：其实这是一道没有正解的题，这是因为你又觉得冷又觉得热，冷和热本来都是相对的概念，这要看你拿什么作参照物。在这个游戏里，两只手分别使用了不同的参照物，原来放进冷水里的手再放到温水里会觉得热，原来放进热水里的手再放到温水里会觉得冷，大脑从手上接收了两个相互矛盾的信息。一个认为水是冷的，另一个认为水是热的，这就是为什么弄不清水到底是冷还是热的原因。

27.100个和尚和100个馒头

答案：将1个大和尚与4个小和尚分成一组，问题化简为5个和尚吃5个馒头，而100÷5=20，也就是说100个馒头可按每组5个而分成20组，这样就得出大和尚20人，小和尚80人，20×4=80。

28.笔尖间的较量

答案：正常情况下是碰不到的。因为平时我们用两眼观察事物时，物体具有立体感，眼睛可以测量出人与物体的距离。而当你闭上一只眼时，双眼视觉的优越性就消失了，物体的远近就变得难以辨别了。所以，很难使两支铅笔的笔尖相碰。当然，如果反复进行练习，学会在新的情况下调节双手的动作，那么闭着一只眼使两支铅笔的笔尖相碰也是可以做到的。

29.没有不可能

答案：关于这道题，我们要跳出数学界的思考范围。稍有数学知识的人都知道，偶数乘偶数得出的结果是不可能为奇数的。"偶数乘偶数"是五个字，小朋友，你想到了吗？

30.你能保持不动吗？

答案：试过之后你会发现，刀上的细铁丝好像走路似地动个不停，而且你越想

让手稳住不动，铁丝在刀背上"走"得越快。原来人手上的肌肉常处于收缩和放松交替变化的状态。这种交替变化形成一种平时很难觉察出来的轻微颤动，而那个"会走路"的细铁丝实际上把这种轻微颤动放大了。当你越想使劲控制让手不动时，你的肌肉就越卖力的抖动，各部分肌肉处于紧张和松弛状态的差别也就越大，手的颤动也就越明显。

31.新的组合"火柴与汽水"
答案：当你把点燃的火柴拿到杯口上方时，火柴马上就熄灭了。这是因为汽水里含有加压的二氧化碳气体，汽水瓶打开后冒出大量气泡，杯口上方聚积了大量的二氧化碳气体而缺少氧气。我们知道火的燃料是在高温时和氧结合而急剧地放出热能和光能的结合现象，有氧气，火柴才能燃烧，而二氧化碳是不助燃的，所以火柴自然就熄灭了。

32.桃子的数量
答案：一共有四个桃子。

33.农民如何巧过河
答案：农民先把鱼带过河，将鱼留在对岸；农民再独自返回把狗带过河，将狗留在对岸；最后把猫带过河，这位农民就是这样巧妙地把狗、猫和鱼都带过了河。

34.巧用标点
答案：知止而后有定，定而后能静，静而后能安，安而后能虑，虑而后能得。

35.三个杯子
答案：把三个杯子分别称为A、B、C，第一次翻动A和B、第二次翻动A和C、第三次翻动A和B，这样A、B、C三个杯子的口就都朝上了。

36.谁是跳高能手

答案：球着地后，笔会像射箭那样从球里弹出来。如果在室内做这个游戏，笔会弹到天花板上。相反，球根本不跳，或者比平时跳得低。把笔插进球里，球着地时不仅影响到球，也会影响到笔。如果没有笔，球落地时的动能会使球弹跳起来。插上一支笔，球的一部分动能就转移到笔上了，笔就会弹得很高。由于笔的重量比球小，同样的动能，可以使笔弹起的高度是球的若干倍，所以球是无法跳到笔那么高的。同时，还要提醒同学们，不要在灯底下做这个游戏，以免发生事故。

37.好玩的剪纸游戏

答案：会得到32个洞。

38.另类的吹气球

答案：这是办不到的事。你要想把汽水瓶中的汽球吹起来，就必须压缩关在汽球和瓶子之间的空气。压缩空气需要很大的力，用嘴吹气是无法做到这一点的。

39.你能拉动一本书吗？

答案：不管你怎样用力，用多大的力，你也无法把它拉成一条直线。这个游戏就像是书与重力之间的拔河比赛，绳子垂直吊着书的时候。你所使用阻止书往下落的力，等于书本身的重量。但是当你的手向两边拉书时，所用的力与水平方向成一定角度。在这种情况下，施加的力必须大于书的重力。所用的力与水平方向成的角度越小，所需要的力也越大。这就是你越把绳子拉到接近水平位置，越是要花大力气的原因。绳子往往在被拉成水平位置之前，因吃不住这么大的力而断掉。简单地说就是因为手臂的力量抵消不了书的重力。

40.看似简单的小难题

答案：小朋友们是不是一定在纳闷这是什么缘故呢？当你靠墙站直时，身体的重心就在你的双腿以上，当身体向前倾斜时，重心也就跟着向前移动。为了保

持身体的平衡，你的腿必须向前迈，否则人就会跌倒。但是游戏规则规定了不能迈腿，你只能眼睁睁地望着唾手可得的东西而无法把它拿到手。但如果你非要较真的话，可能就要摔跤喽！

41.大瓶与小瓶
答案：小瓶会沉下去。因为在封闭的液体中，压强会向各个方向传递，当你挤压大瓶时，也增加了水压，小瓶里的气泡也会变小，更多的水会流到小瓶里，会使它往下沉，但当你把手松开，压强又恢复了原来的状态，小瓶也回到了原来的位置。

42.你能做到吗？
答案：纸杯子肯定是烧不着的，这是水在作怪。用火柴烧杯子时，杯子里的水把所产生的热都吸收了，使纸杯子无法达到燃点，纸杯子也就烧不着了。

43.火焰能从漏网中穿过吗？
答案：事实上火苗是穿不过滤网的，这个游戏看来十分容易。滤网上有那么多网眼，火焰穿过网眼肯定是很容易的事。其实不然，尽管滤网有许多洞眼，但火焰只会待在滤网下面燃烧。因为金属是热导体，金属滤网就好比一个隔热器，能够把火焰中的大量热量很快传送到周围空气中去。仔细从旁边观察，可以看到蜡烛燃烧时冒出的烟，可以自由地从网眼中穿过，但火焰却被限制在滤网下面。

44.聪明的书生
答案：下雨天，留客天，留人不?留！

45.这是一只什么熊
答案：这是一只北极熊。因为只有在北极，北极熊才能往南走一公里，往东走

一公里，再往北走一公里，又回到起点。

46.爷爷的年龄

答案：再过15年，三个孙女的年龄就与爷爷的年龄相等了。

47.水盆里的鸡蛋

答案：因为这是一个坏鸡蛋，呵呵，你想到了吗？

48.急速列车

答案：火车在高速行驶的时候，火车两侧气压很低，会使靠近的人向它靠拢，因此是很危险的。

49.淘气的小朋友

答案：从概率上来算是朋朋在说谎，是他踢碎的玻璃。

50.船为什么不会沉

答案：这是水浮力的作用。水的浮力和物体的大小有关，物体大，水的浮力也大；物体小，水的浮力也小；而船的身体很大，水自然能把它托住。

51.如何才能喝到饮料

答案：把木塞子推到饮料瓶里面去，就能喝到饮料了。

52.商人的困惑

答案：其实煤炭并没有少分毫。地球是一个略带扁圆的球体，赤道附近身体向外凸出些，离地心远引力小，两极地区物体的重力要比赤道附近大0.53%，所以，同样的物体在高纬度地区要比赤道附近重一些。

53.小蚂蚁之死

答案：蚂蚁它太轻了，在空中飘的太久，后来就晕死了。呵呵！

54.如何加速

答案：瓶子得从四倍的高度落下才可以。从表面上看，瓶子以两倍的高度落下就行了，其实不然。要使速度加倍，加速的时间也要加倍，这样才能达到所要的效果。

55.谁会先结冰

答案：是热奶茶。因为冷却的速度快与慢不是由液体的平均温度决定的，而是由液体上表面和底部的温度差决定的。上表面的温度越高，散发的热量就越多。因而降温就越快，结冰也就越快。

56.飞机离北极的距离

答案：飞机往东飞的时候，与北极点的距离是不变的，所以飞机离北极点的距离是100公里。小朋友，你猜对了吗？

57.月亮从何方升起

答案：月亮从西方升起。

58.奇怪的迹象

答案：马在地球上重。理由是月球的引力是地球的六分之一，同样马在地球上的重量也是地球上的六分之一。

59.遇到狼时怎么办

答案：攀登者对狼说了句：祝你生日快乐！

60.荒岛生存计

答案：在这个没有人烟的荒岛上，他只能以草木为食物，正是因为这样，他的体重很快得瘦下来，体重变轻了，自然能过桥了。

61.一本书有多少页

答案：从第3页到第12页总共有10页来看，在计算的时候包括了起、止页，这样算来这本书还剩下168页。

62.聪明的酋长

答案：酋长之所以选择了那块停止的手表，是因为那块每天慢一分钟的手表720天才能准确地指对时间一次，而停止的手表虽然是静止不动的，但一天能准确地指对时间两次。

63.多劳多得

答案：均分，每人50元，因为工作量是相等的。

64.顽皮的小猫

答案：0条。6去掉头是0，9去掉尾巴是0，8去一半也是0。

65.爸爸的小鱼

答案：在0至9的十个数字中，只有1和8在镜子里照出来的依旧是本数。由此知道，两种鱼数量的积数是81，而81在镜子里反射出来的刚好是18，9+9=18。由此可得出，两种鱼各9条。

66.三样不相干的东西

答案：这是冬天小朋友们用来堆雪人用的。春天到了，雪融化了，这几样东西就遗落在草地上了。

67.巧移硬币

答案：只需要把最下面的那枚硬币放到中间那枚硬币上就可以了。

68.井底之蛙

答案：从表面上看，你一定会以为青蛙需要10天的时间才能爬出来，那就错了。因为过了7个昼夜后，青蛙离井口就只有3米了，当天晚上它就可以爬出来。

69.聪明的邻居

答案：他们交换了一下房子。这样他们既得到一笔可观的搬家费，又不用离开这个他们一直生活的地方。

70.沙与水

答案：我们可以从声音来分辨，往其中的一个杯子里吹气，沙子被吹动的时候会有沙沙的声音，而水则不会。

71.各尽其责的开关

答案：打开第一个开关十分钟，再关上，打开第二个开关然后进屋，亮灯的由第二个开关控制。不亮灯的用手摸一下，热的由第一个开关控制，另一个就一定是由第三个开关控制了。

72.聪明的小强

答案：小强说："要想知道有多少桶水，那要看是多大的桶。如果桶跟河一样大，那就是一桶水；如果桶只有河的一半大，那就是二桶水。如果桶只有河的三分之一大，那水就有三桶，主要是桶的作用。"

73.巧得兵书

答案：孙膑很诚恳地告诉老师："我实在没有办法让老师出洞，但如果老师在

洞外面，我有办法让老师进洞。"鬼谷子闻听放声大笑，并将自己所著的兵书传给了他。

74.中国人和外国人
答案：这是个外国人来到了中国。很多人都把中国以外的国家叫做外国。其实，在外国人眼中，中国也是外国，这是解开此题的最关键的地方。

75.偷越边境
答案：这位瑞士人趁士兵进警卫室的时候，就立刻上桥往瑞士方向走，等走到一半的时候，他再掉头向德国方向走。这时士兵刚好出来巡视，看到他想过桥，就会把他赶回瑞士方向，就这样，这位瑞士人就顺利地回到了自己的国家。

76.吹牛比赛
答案：和尚对每个对手都说了同一句话："你再大，我也能吃掉你。"

77.三匹马
答案：一分钟后。A跑完两圈，B跑完三圈，C跑完四圈。这时，三匹马正好再一次在起跑线上，处于并排状态。

78.狐狸的思维
答案：善于观察的狐狸发现，洞口只有小动物进去的肢印，而没有出来的脚印，由此它断定这是老虎的一种计谋。

79.富豪选快婿
答案：那位小伙子带了一只白鸽来，他把白鸽送到富豪面前手一松，白鸽飞走了。所以说他带来了礼物，没有空手而来。

80. 意义非凡的挽联

答案：真正含意是："宁愿站着死，也不倒着生"。

81. 离奇的死因

答案：死者是踩在一块厚厚的冰上将自己吊在横梁上的。后来冰融化了，所以现场看不到任何能让死者够得着横梁的东西。

82. 它们会相遇几次

答案：十一次。在十一点前的每个小时，钟表的时针和分针都会重叠一次；在十一点到下午一点之间，钟表的时针和分针只会重叠一次，也就是十二点整时；在下午一点到五点之间，时针和分针每小时又会重叠一次。这样算起来结果就是：6+1+4=11。

83. 你能看到多少个自己

答案：什么也看不见，因为没有缝隙，进不来光，只有漆黑一片。

84. 离奇失踪案

答案：大卡车是一辆大货车，车上面装的是六辆小汽车。

85. 哈佛考题

答案：5=1。看似复杂其实很简单，因为在题目一开始就给出了正确的答案，是考验大家如何从原始信息中获取正确答案的思路。

86. 爱写信的丽丽和莎莎

答案：她们各买了信纸150张，信封100个。

87. 智移石头

答案：司机在紧靠石头的脚下挖了一个地坑，当挖到能容纳石头的时候，只要

轻轻一推，悬在坑边的石头就会滚入坑中了，路被填平，车自然就能过去了。

88.豹的食量
答案：不会，因为它们全是幼仔。

89.八边形
答案：八边形是8。

90.乐队里的"灵魂人物"
答案：这位领军人物就是：指挥棒。

91.星期几
答案：星期二。

92.一道除法题
答案：只能被减一次，因为接下来被减的是48、46……。

93.风中的蜡烛
答案：剩下5根，因为那7根燃尽了。

94.漏气的轮胎
答案：是备胎在漏气。

95.世界上最长的河
答案：还是尼罗河，因为不管它有没有被公认为是世界上最长的河，它都是最长的河。

96.侦探博尼斯

答案：如果是琼斯所录，那我们应该在录音机里听到脚步声和开门声。

97.难分级别

答案：中国象棋。

98.两两相望

答案：面对面站着。这当然也是一个人面朝东，一个人面朝西了。

99.相同音不同字

答案：在和再。

100.穿越森林

答案：最多能走一半，再远就是走出森林了。

101.会有太阳吗？

答案：不会。因为七十二小时过后还是半夜十二点。

102.南非怪人

答案：可能。这是一位医生在给一个孕妇做体检。

103.疑点重重

答案：如果是自杀，死者在用枪击中自己的脑部后，不可能有时间再将手放到被单下。

104.帮医生解心病

答案：X光除铅以外，其他物品都能将其穿透。

105.聪明的神偷

答案：神偷只需把装有钻石的盒子倒放过来，然后把盖子拉到能让钻石掉出来的缝隙。这样就不会与毒蛇正面交锋了。

106.池塘里的水

答案：用5升水壶取5升水，倒入6升水壶中，再取5升水，倒入6升水壶至满，5升水壶中剩下4升水；把6升水壶倒空，将5升水壶中剩的4升水倒入6升水壶；再取5升水，倒入6升水壶至满，5升水壶中就剩余3升水。

107.3个伙伴分可乐

答案：首先第一个小朋友将可乐分成她认为均匀的三份；再让第二个小朋友将其中的两份重新分配，分成她认为平均的两份；然后让第三个小朋友第一个选，依次第二个小朋友第二个选，第一个小朋友最后一个选，这样是公平的办法。

108.村庄里的独眼人

答案：每个人都只有一只左眼和一只右眼。

109.爱炫耀的富翁

答案：窃贼是清洁工人，她用吸尘器吸走了钻石。

110.业余"生意人"

答案：此人亏损1元。

111.一个看似简单的小题

答案：因为同等大小的面积，只有圆形的在移动中不会掉下去。

112.两个空心球

答案：用相同的力量原地旋转两个球，转得快的是金质的球，另一个则是铅质的球。

113.巧选钻石

答案：前三个比较大小，对于最大的有一个概念；中间三个作为参考，确认最大的一批的平均水平，在最后四个中选择一个属于最大一批的。闭上眼睛不再观察之后伸手去拿，就是最大的一颗。

114.数椰子

答案：一共是726个椰子。$5×5×5×5×5+1=726$

115.筷子的力量

答案：会的。由于用力按压杯内的米，使杯内的空气被挤出来。杯子外面的压力大于杯内的压力，使筷子和米粒之间紧紧地结合在一起，所以筷子能将装米的杯子提起来。

116.餐桌上的碗

答案：一共用了11个碗。每人一个饭碗，也就是需要6个饭碗；2人一个菜碗，也就是需要3个菜碗；3人一个汤碗，也就是需要2个汤碗，那么一共用了$6+3+2=11$碗。

117.排队

答案：一共有8个同学在排队。

118.神奇的报纸

答案：我们可以用一支铅笔来完成这个实验。用铅笔的侧面迅速地在报纸上摩擦几下，然后把报纸放到墙上，报纸就像被施了魔法一样被粘在墙上，这就是摩擦起电的原理。同学们也不妨试一试还有没有别的东西可以让报纸粘在墙上。

119.彩色乒乓球

答案：盒子里一共有三个乒乓球。

120.比长短

答案：不一定哪根长。

121.微妙的关系

答案：三个人所说都没有错。第一个人是第二个人的爸爸，第二个人是第一个人的女儿。

122.月球上的金属

答案：密度和质量都不会改变，因为密度和质量是物质本身的属性，与位置无关。

123.降落伞

答案：大家肯定会被问题局限了思维，正在费尽脑筋想哪个降落伞的阴影大。其实是无法测量阴影面积的，理由是虽然两个降落伞只相差200米。但这时地球和太阳的差距就是1.5亿公里。由于差太大，因此无法估算。

124.兴奋的人

答案：他脱的是雨衣，大家当然不觉得奇怪了。

125.瓶子赛跑

答案：装有水的瓶子会比装有沙水的瓶子先到达终点。因为沙子对瓶子内壁的摩擦比水对瓶子内壁的摩擦要大得多，而且沙子与沙子之间还会有摩擦。因此，它的下滑速度比装有水的瓶子要慢。

126.一击即中

答案：他一箭射倒了盘子，苹果自然就落地了。

127.水的"特异功能"

答案：这是水的张力作用。水的表面张力可以使水流分，也可以使水流合。

128.与数学无关的题

答案：用闪电和雷声来判断。当闪电和雷声的间隔时间越短时，表明暴风雨正在逼近；相反，当闪电和雷声的间隔时间越长时，说明暴风雨渐渐远去。

129.白色康乃馨

答案：会，会变成与色素同样的颜色。

130.当塑料瓶遇到温开水

答案：由于瓶子外的空气比瓶子内的空气压力大，所以把瓶子压瘪了。

131.蟋蟀声音的妙用

答案：这些声音有测当地温度的作用。方法是：数一下每15秒钟蟋蟀叫声的次数，把次数加上40，这就是当时大概的温度了。

132.数学小谜语

答案：负数。

133.以"退"为赢的比赛

答案：这种比赛是拔河。

134.会漂浮的针

答案：是水的表面张力支撑住了针，使之不会下沉。

135.精打细算的厨师

答案：厨师开始买了16个鸡蛋，后来店老板又给他加了2个，所以应该是18个鸡蛋。

136.超强辨别力

答案：因为进来的三名海军里，有两个是女的，所以小明当然不会认错了。

137.绝顶好办法

答案：他只数出了25元钱，剩下的就是75元钱了。

138.乔治夫妇的孩子们

答案：可以从A有三个妹妹，B有一个哥哥中得知全家有三个女孩。C是女孩，她有两个妹妹，D有两个弟弟，E有两个姐姐，F也是女孩。但她和G没有妹妹。从以上就可以推断出C、D、F是女孩，其他的是男孩。

139.给扑克牌排队

答案：三张扑克牌从左到右依次是：梅花A、梅花J、红桃J。

140.神秘的盒子

答案：盒子里装的是一面镜子，它们是在镜子里看到了自己。

141.我是冠军

答案：小美与小微比打羽毛球，而和小丽比打乒乓球。和她们玩各自不擅长的，她当然会赢了。

142.智慧的发明家

答：发明家问："你想用什么容器装这种万能溶液呢？"年轻人不能自圆其说，只好灰溜溜地走了。

143.谁在说谎

答案：老三在说谎，老大和老三各吃了一半。假如是老大在说谎，那么老二同样也在说谎；若老二在说谎，老大也在说谎；所以只能说老三在说谎。

144.猎豹能跑多远

答案：月球上没有氧气，因此再勇猛的动物都是跑不远的。

145.猫捉老鼠

答案：还是十只猫。

146.小小玻璃球

答案：把每个玻璃球落入盒子里的概率乘起来，最后得出的结果是：概率不到百分之四。你算出来了吗？

147.别样的队伍

答案：按照等边六角形来排，就能完成老师的要求了。

148.多彩网球

答案：我们先一步一步来算，当摸8个网球时，结果可能都是一种颜色；摸10个的时候，可能另外两种颜色各一个；这样算下来，只有摸11个网球的时候才能保证两种颜色的球各一对。

149.硬币游戏

答案：不管翻动多少次，都不可能使全部硬币的数字一面朝上。

150.7封信

答案：芳芳的七封信是分别寄给七个不同的小伙伴，所以每个伙伴自然也只能

收到一封信。

151.快速分豆法
答案：因为一种颜色的豆只有一粒。

152.惊险隧道
答案：尽管圆石和方形的隧道的直径是相同的，但两者之间也是有空隙的，老游击队员只要躺在空隙处就不会被压到了。

153.粗心的饲养员
答案：把自己先关在老虎的笼子里最安全。

154.情况属实
答案：小美并没有说谎，因为那天站在花园里的狗并不是小美家的狗。

155.漂亮的巧克力盒子
答案：放一块巧克力盒子就不会空了。

156.鱼缸里的学问
答案：事实上水还是会溢出来的，同学们可以亲自动手试一下。

157.如何过桥
答案：可能。细心的同学可能从题面就找到答案了，其实从南来和向北去是同一个方向，两个人一前一后便能顺利过桥了。

158.思维的惯性
答案：他会不假思索地回答是月亮，这就是思维惯性的作用。

159.弹力球
答案：小球会弹到原先高度的9倍，而大球则不能。

160.运气十足的毛毛虫
答案：漂亮姑娘穿的是高跟鞋，鞋底是有弧度的，因此毛毛虫逃过了一劫。

161.水涨船高
答案：不能。因为当潮水上涨的时候，船也跟着上涨。而绳子和船是连在一起的，船上升时，绳子当然也随着上浮，这就是人们常说的水涨船高。

162.刻苦的女孩
答案：这个女孩是个盲人。在盲人的世界里没有光明，因此停不停电对她来说都是一样的。

163.如何识别哪杯是水
答案：往这两个杯子里分别滴几滴水，能很快融合的那一杯一定是水。

164.医生看病
答案：骨科医生生病了，他是来开药的。

165.爷爷的老式钟表
答案：钟敲12下的时候，时间间隔只有11次，因此所用时间是55秒。

166.乘车快还是步行快
答案：其实用的时间是一样的，只不过是在心理上得到了一丝安慰。因为他步行的时间等于他等车的时间，他走与不走最终都是按那辆公共汽车到达目的地所用的时间来计算的。

167.趣谜
答案：荷花、西瓜、西红柿、火车、桌子。小朋友们都答对了吗?

168.密封的房间
答案：这道门是往里开的。

169. 一封遗书
答案：警方断定是驾驶员将富翁推下飞机后，再将遗书放在座位上的。因为飞机在飞行的过程中，如果突然打开机舱门，会因机舱内的高压和机舱外的低压产生巨大的吸力。遗书是不可能完好地放在座椅上的，明显是驾驶员在说谎。

170. 原来如此
答案：队长的根据就是那只小蟑螂。蟑螂是不会在野外生存的，因此断定死者是死于室内。

171.酒鬼猜拳
答案：不对。两个人猜拳的组合有9种，平手的机会是三分之一，当猜拳变成三个人的时候，猜拳的组合变成了27种，平手的机会还是三分之一。

172.业余赛车手
答案：车由4个轮行驶，也就是说4个轮共行驶了40000公里，如果是5个轮均匀行驶，每个轮则行驶8000公里。

173.握手
答案：一共有6个人参加聚会。

174.错在哪里
答案：找到170改成17就可以了。

175.天平识硬币
答案：先在天平左右两个称盘中各放三枚硬币，如果天平保持平衡的话，就简单了，再称一下剩余的两枚硬币，就会找到那枚假硬币。如果天平没有平衡的话，就从三枚硬币中拿出两枚分别放到秤盘上，较轻的一边是假硬币。如果天平仍保持平衡，手里的则是假硬币。

176.抢救果园的妙法
答案：也许你会认为是36根柱子就足够用了，其实不然，若想每根柱子之间的间距在10米，每边就必须有11根柱子，这样算下来刚好有40根柱子。你算对了吗？

177.试试就知道
答案：把桶倾斜，使水桶的两个顶角与水桶的两个底角处于同一水平面上，此时水桶刚好能装十升水。

178.牧马人分马
答案：4个马圈里的数量分别是：8、4、4、5。

179.巧妙的重合
答案：这位同学并没有吹牛，只需要在一张纸的正反两面相同的位置上画圆，就能不费力气的让它们重合。

180.袋子里的苹果
答案：6个袋子里分别装了：60、16、6、6、6、6个苹果。

181.最佳救火路线

答案：最佳的救火路线是甲家与河边的垂直线。

182.国王选花匠

答案：国王心中最中意的人选是那位被提名做助手次数最多的花匠。

183.淘气的叮当

答案：叮当踢的球是雪球，当爸爸妈妈回来的时候雪球已经化了，自然也就找不到所谓的"球"了。

184.一桩命案

答案：公主和王子是两条狗的名字，他们是在公园玩耍时试图要挣断链子而死的。

185.识鸡蛋的小技巧

答案：将两个鸡蛋放在桌面上进行旋转，容易旋转起来的就是熟鸡蛋，不容易旋转起来的就是生鸡蛋。原因是熟鸡蛋的蛋清和蛋黄是一体的，容易转动。而生鸡蛋的蛋清与蛋黄是分开的，所以转起来比较困难些。

186.无名英雄

答案：飞毛腿是一匹马的名字，得到奖品的是它的主人。

187.下人的上策

答案：其实办法很简单。下人先单独把河马放在华丽的彩船上，然后在船的外侧标上水位记号。然后他将河马驱离彩船，再往彩船里装金币，直至所装金币达到刚才做标记的地方。这样一来，船上装的金币重量肯定等于河马的体重。

188. 残疾人乘车
答案：因为车上还有空的座位。

189. 书法家的收费标准
答案：这位书法家写字的单价为每个字20元钱。

190. 勇敢的人
答案：这位勇敢的人最初带了二个钱币。

191. 花仙子的玩具
答案：把所有的玩具都放在一起，当然是只有一堆玩具了。

192. 小白兔和大灰狼
答案：小朋友们想到答案了吗？其实它们没有在同一时间过桥，小白兔也就没有危险了。

193. 好朋友间的游戏
答案：可爱的婷婷把绳子绑在了玲玲的身上，玲玲当然跳不出去了。

194. 家庭拔河比赛
答案：母亲加两个男孩子这一方，会战胜父亲加三个女孩子的一方。

195. 特殊的比赛
答案：马天生就比牛跑得快。

196. 小强的午饭
答案：小强买饮料花了5角钱。

197. 只看不偷的小偷

答案：他是在自己的家里，欣赏刚刚偷回来的钻石。

198. 分饮料

答案：问题的关键在于如何把杯子的数量变成3的倍数。方法如下：先把4个半杯倒成2个满杯，满杯的饮料就有9杯，半杯的有3个，空杯的有9个，这样一来就容易分了。

199. 与众不同的学校

答案：这是一所聋哑所校，听不到他们的发言声是正常的。

200. 佐罗的环岛计划

答案：两艘舰艇同时出发，走了40海里后，护航舰将它剩下燃料的一半装给舰艇，然后返回港口。护航舰重新装好燃料后，从相反的方向去接应快要耗尽燃料的舰艇，这时舰艇离港口还有40海里。护航舰将自己剩下燃料的一半再装到舰艇上去，两艘舰艇一起返回港口，抵达时燃料也正好用完。

201. 杯子实验

答案：把杯子倒着放进水盆里，让杯子里充满空气后而产生压力，水就不会流进去了，杯子的底部也就不会弄湿。注意，动作要快才能完成。

202. 奖罚分明

答案：张老师并没有拿错苹果，三个人刚好一个人分了一个，是其中的一个同学把分来的苹果放到了篮子里。

203. 5名嫌疑犯

答案：仅释放了D，其余全说了谎。

204. 两杯沙

答案：不能。因为粗沙子和细沙子混在一起后，细沙子会将粗沙子间的缝隙填满。

205. 旋转木马

答案：包括小米本人在内，坐在旋转木马上的小朋友共有13人。

206. 聪明的姐弟

答案：弟弟用9根火柴拼成英语单词"TEN"，姐姐用6根火柴拼成英文单词"NIX"，其中文意思分别为：十和六。

207. 剪指甲

答案：一共20只，包括脚指甲。

208. 找零钱

答案：50元是由两个20元和一个10元钱组成的，他付给售货员的是两个20元，所以售货员找给他2元钱。

209. 独特的卡片

答案：因为卡片上写着1+8=9。

210. 老牛吃嫩草

答案：永远不会把草吃光，因为草是不断生长的。

211. 奔跑的马车

答案：每匹马跑了6里，6匹马一共跑了36里。

212.贪吃的小狗
答案：只要教小狗转过身子用后脚抓骨头就行了。

213.徒步爱好者
答案：同样是两天的时间。人数在变，距离是不变的。

214.公园里的树
答案：第一棵树和第六棵树之间相隔的距离是15米。

215.怪异的时钟
答案：应该去修理时钟。

216.迷你趣味题
答案：0和3。把8横着分是0，竖着分是3。你想到了吗?

217.妈妈分桂圆
答案：妈妈先吃一个桂圆，再分给每个孩子两个。

218.数猫咪
答案：房里共有4只可爱的猫咪。

219.长在身上的秘密"武器"
答案：教练是根据自己脉搏跳动的次数测量的。

220.三好友下棋
答案：每盘棋是两个人下的，所以每个人各下了2盘棋。

221.聪明的"傻瓜"

答案：总裁很诙谐地说："我收到过许多匿名信，全部只有正文，不见署名，而今天正好相反，刚才这位先生只署上了自己的名字，却忘了给我写信。"

222.巧用智慧取礼物

答案：走到一口井旁边，然后将竹竿慢慢从井口探下去，当竹竿和你身高一样高的时候就能取到礼物了。怎么样，你想到了吗？

223.包饺子

答案：包150个饺子要用45分钟。

224.难得的休息日

答案：小飞妈妈回家这天是12号。

225.剪不断的绳子

答案：这是一个绳圈。

226.6路电车

答案：每隔3分钟开出一辆车。因为明明乘的车与从公园开出的第一辆电车碰头时，与第二辆电车所间隔的距离，等于两辆电车速度和与时间一分半的乘积。

227.哪个更省时

答案：一样的，同样为三个数字。

228.复杂的亲属关系

答案：这个男孩是张先生的儿子。

229.勇敢的人

答案：列车并未开动，而是静止在原地等候发车令。

230.白手套与黑手套

答案：手套分左右手，所以至少要摸出十一只手套，才能保证有一双是完整的。你答对了吗？

231.超前想象力

答案：当然能，将球向上扔就可以了。

232.他说得对吗？

答案：不可能。因为12属相是12个年头，而小学只有6个年级。

233.空中飞人

答案：这座山的海拔为1499米，飞机与地面的高度仅为1米，怎么会受伤呢！

234.酒杯与水杯

答案：一样多。因为水杯中增加多少酒，酒杯中就增加多少水。

235.大胆的猜测

答案：这个东西放在了自己的右手腕上。

236.唐老鸭做生意

答案：一个鸭蛋3角。第一天找回的钞票面额是5角和2角，第二天找回的钞票面额是两张2角，第三天找回的钞票面额是两张5分。

237.神奇的魔术

答案：魔术师最多可以变出七根香蕉。

238.重获新生的死刑犯

答案：犯人立刻在那条线下面画了一条更长的线，说："陛下请看，现在您的一条线比这条线短了。"国王看后无言以对，只好宣布将他无罪释放了。

239.安然无恙的鸡蛋

答案：把鸡蛋放在正方形实验室的四个角落里是最安全不过的了。

240.急中生智的小英雄

答案：张嘎有意把芦苇丛弄响，给敌人造成有人埋伏其中的假象，迫使敌人为了自卫而开枪，利用敌人的枪声给游击队报信。

241.智慧生意经

答案：这位朋友将"包修3个月"改为"包退3个月"，并且将"退"字写得特别大。果然没过几天，生意大大超过了另一家鞋店。

242.如何让等式成立

答案：在时钟上是成立的，6+6+1=13，而13点也就是下午的1点。

243.草莓酱的重量

答案：吃去一半后草莓酱还剩下2千克，也就是说整瓶的草莓酱有4千克重，而瓶子的重量是1千克。

244.难题专家的难题

答案：把独木舟放在一个平面上快速转动它，使球同时旋转起来并滚进洞里。

245.重量一样吗？

答案：重量是不会变的，因为称的重量是取决于瓶子和瓶内所装的东西的重量。

246.谁先到家

答案：兄弟三人都坐在同一辆车上，同时到家。弟弟向后走了一会儿，就看见迎面驶来的公交车，跳了上去。这辆车驶到大哥等车的车站，大哥跳了上来。过了不久，这辆车赶上了二弟，他也上了车。但最聪明的是大哥，他留在车站上等车，比两个弟弟少走了一段路。

247.聋子司机

答案：夫人在到达目的地时，叫司机停车，而司机马上就停了，说明司机可以听到她的说话声。

248.数动物

答案：有23只鸵鸟和12只老虎。算这道题时应该先明白，老虎有4条腿，而鸵鸟有2条腿，这样计算起来就变得容易多了。

249.先选谁

答案：当然是先点燃火柴。

250.猫和老鼠

答案：因为猫拔腿就跑是为了追上老鼠吃掉它。

251.大胡子叔叔

答案：王叔叔是个理发师，他每天都是给别人刮胡子，却没时间刮自己的胡子。

252.变脸术

答案：黑人罪犯被警察追的脸色吓的惨白，混在白人里警察没有发现。

253.秋游

答案：这次秋游老师有34人，同学有66人。

254.谁最不怕冷

答案：这不是一只普通的鹅，是一只企鹅。

255.分遗产

答案：那位寡妇应分得1000元，儿子分得2000元，女儿500元。这样，寡妇所得的钱即是儿子的一半，又是女儿的两倍。

256.痴迷的音乐人

答案：他所说的两个字母是CD。

257.不怕淋雨的人

答案：这是一个稻草人。

258.选择死亡的方法

答案：这个人选择了老死。

259.毛毛虫的愿望

答案：毛毛虫对爸爸说："亲爱的爸爸冬天来了，我想要一双鞋。"

260.谁是真正的大师

答案：因为只有两位理发师，必然是要给对方理发的，头发整齐的一定是头发凌乱理发师的杰作。

261.平均分配
答案：让这两个瓶子浮在水面上，将油倒来倒去，直到这两个瓶子浮在水面上的高度是相等的时候油就均匀了。

262.无人问津的"布"
答案：这种布是瀑布。

263.左三圈，右三圈
答案：不要想复杂了，牛尾巴朝下方。

264.没得逞的"计"
答案：躺在床上用圆珠笔写字，很快笔就会写不出字来。

265.让人惊讶的获奖感言
答案：冠军说：我的刹车不知何时坏了。

266.沙漠中的狗
答案：因为它找不到电线杆或者树做为撒尿的地方。

267.在劫难逃
答案：化妆师是照着另一个通缉犯的样子给他化的妆。

268.不变的年份
答案：这一年是1961年。

269.婆婆的灭蚊绝招
答案：老婆婆用皱纹把蚊子夹死了。

270.一天到晚游泳的鱼
答案：因为陆地上有猫。

271.分草莓
答案：其实这是一道不可解的题，每个人都分到偶数是不可能的。

272．祖母的孙子们
答案：祖母一共有6个孙子。

273.相同有错误
答案：两个同学交的都是白卷。

274.语出惊人的回答
答案：周总理说："在中国的台湾省。"周总理的回答的确十分精彩，他不仅机智地回答了记者的问题，而且进一步表明了台湾是中国领土的一部分。

275.半个人影
答案：人影都是一个一个的，没有半个人影。

276.飞行的方向
答案：他们说的不对。因为飞机越过南极和北极之后，就会改变方向。

277.读书计划
答案：第六天黑妹也读了20页。

278.作案时间
答案：案发时间是12：05分。这是一个表面看似复杂的难题，其实计算方法很

简单，从最快的手表中减去最快的时间就行了。还有一种方法，就是用最慢的手表加上最慢的时间也可以得出答案。

279.可以走遍世界的东西
答案：邮票。

280.优秀的士兵
答案：小李当然是优秀的士兵，因为他睁一只眼闭一只眼是在瞄准敌人。

281.细心的农夫
答案：农夫在每个鸡蛋上都写下"今天"两个字，自然分不清了。

282.杀人犯与抢劫犯
答案：因为杀人犯要被带到刑场上执行枪决，所以先走出监狱。

283.残疾人买东西
答案：不要被误导哦！瞎子不是哑巴，直接说出来就可以了。

284.捕鸟计
答案：用照相机拍下来。

285.医院里的凶杀案
答案：凶手是7号病房的糖尿病患者。原因是当一个人手握凶器的时候，因过度紧张手会出汗，而糖尿病患者出汗要比正常人更多，并且汗水里含有大量糖分，缠着绷带的匕首柄上爬着很多蚂蚁，就足以充分说明了真凶是7号病房的糖尿病患者。

286.进步神速

答案：小华跑了一个倒数第一。

287.简陋的办公室

答案：那天刚好是周末，员工都放假在家休息。

288.意外之财

答案：这位年轻的小姐是某医院的护士，凭借身份的优势得知山本先生的对手患了很严重的心脏病，已无数日可活，年轻小姐利用了这一消息得到了丰厚的酬金，而山本却被蒙在鼓里。

289.张某的酒量

答案：张某一个"瓶子"也没有喝，他喝的是酒。

290.有年龄的山

答案：人们把"12"看成一年的12个月，把数字"365"看成一年的365天，刚好是两年，也就是两岁。

291.一道数学题

答案：这道数学题是：$9 \times 9 = 81$。

292.不打自招的凶手

答案：当凶手看到凶器的第一时间，本能反应应该认为妻子是被枪杀的，而不是被敲死的。

293.美妙的音乐

答案：这个人是指挥演奏的人。

294.运动服上的编号
答案：衣服上的号码是1986。

295.销售的技巧
答案：这位销售人员的办法就是把容易变质的商品提高价格，然后再附送一件不允许出售的商品，这样既没有违反规定，又得到了收益。

296.夜幕下的穿行
答案：因为是白天。

297.杯子之谜
答案：端起B杯子，将杯中的水倒入E后，再放回原处就可以了。

298.13张纸牌
答案：此人手中有四张红心、两张黑桃、一张方块和六张梅花。

299.剧院的座位安排
答案：男人有17人，女人有13人，小朋友有90人。

300.一杯咖啡
答案：一杯咖啡。

301.125房间命案
答案：在案发后3小时，不可能会收到信件。这个时候，唯有真正的凶手才知道王小姐是被刺杀的，而李先生过早地拿出这封信，恰好暴露出自己是真凶。

302.聪慧的母亲
答案:地球上最大的影子是夜晚,你想到了吗?

303.和谐的动物园
答案:大象的左耳朵长得像右耳朵。

304.手指暗语
答案:人的手指是三个长两个短,医生的意思就是告诉安妮的家人做好心理准备,可能会有三长两短的情况发生。

305.每天必做的事
答案:睁开眼睛。

306.必经之路
答案:不要被上面的文字所绕晕了,两个半小时加起来就是一个小时。

307.金币与银币
答案:向杯口用力吹气,银币就会旋转起来,金币则会飞出来。

308.遗嘱引发的敲诈案
答案:马丁是伪造遗嘱进行敲诈。遗嘱不可能签署于11月30日夜里1点,因为11月只有30天。

309.突然下沉的舰艇
答案:别紧张,这是一艘潜水艇。

310.难不倒的阿凡提
答案：这位朋友共有四位表兄妹。

311.捉螃蟹
答案：螃蟹在夜晚的时候喜欢往有亮光的地方爬，他们可以打开摩托车灯，这样螃蟹自然就又都爬回来了。

312.如何分配
答案：榨成果汁分最公平的。

313.兄弟比赛
答案：有人可能会认为第二场比赛的结果是平局，但这个答案是错的。因为由第一场比赛可知，哥哥跑100米所需的时间和弟弟跑97米所需的时间是一样的。在第二场比赛中，哥哥和弟弟同时到达AB线，而在剩下的相同的3米距离中，由于哥哥的速度快，所以还是哥哥先到达终点。

314.谁的鼻子第二长
答案：小象。

315.让老师哭笑不得的考卷
答案：这位同学说小鸟都飞走了，所以只有白纸一张。

316.湖泊周围的树
答案：柳树和桃树各有600棵。

317.老烟民戒烟
答案：老烟民在成功戒烟前还能抽40根烟。

318.爱运动的丽莎

答案：爱运动的丽莎出去了40分钟。

319.海面上相遇的客轮

答案：除了在海面上会遇到13艘以外，还会遇到两艘，一艘是在刚出发时遇到的从费城开过来的客轮，另一艘是到达费城时遇到的正从费城驶出来的客轮，这样算来，一共是15艘客轮。

320.兔子的繁殖率

答案：满一年时可以繁殖出376对兔子。

321.巧用木板

答案：小孩子可以把木板向山涧的那边伸出一小部分，并站在木板的另一端压住，这时大人把木板搭在小孩子的木板上，就可以从容过到对面去了，然后大人再压住木板，让小孩子走过。

322.射击场上的特制靶子

答案：一共需要6只箭，每次得分为：17、17、17、17、16、16。

323.相遇在哪天

答案：这7位朋友每隔420天就会在主人家里碰一次面。

324.药剂师的苦恼

答案：妙主意就是：把10瓶药品编上号码。从第一瓶中取出一粒，从第二瓶中取出两粒，从第三瓶中取出三粒，依此类推，直至从第10瓶中取出10粒。这55粒药丸的规定重量应该是5500毫克，如果总重量超过10毫克，则其中有一粒是超重的，那么就可以断定第一瓶是不合格的，如果总重量超过20毫克，则其中

有两粒超重，可以断定第二瓶是不合格的。其余的可以依此类推，所以很快就可以找出那瓶不合格的药品。

325. 三位航海爱好者
答案：将3把锁一个套一个地锁在一起。3人中任何一人都可用他的钥匙把锁打开或重新锁上。

326. 4个赌徒
答案：在赌博前4个人分别有：33、17、9、5。

327. 饿狼的传说
答案：这条瘦狼首先钻入笼子里把羊咬死，然后将羊撕成碎肉，并将羊肉一块一块地扔出笼子，狼从笼子中钻出来，吃掉这只羊，并在羊的主人到来之前逃跑。

328. 当水位上升后
答案：当水位上升4英尺时，船和绳梯都将随着上升，所以，不会有水漫过梯级。

329. 秘密跟踪
答案：录下拨电话号码的声音，根据声音的长短可以推测出电话号码。

330. 检票
答案：因为老教授找不到那张票，就不知道自己要去哪里。

331. 一问一答的对话
答案：学生说："我流口水证明老师您说得津津有味。"

332.睿智的法官

答案：数学上有一条规律：9乘以任何整数，所得的积无论是几位数，各位数字相加的和总是9的倍数，法官正是以此来判断的。

333.伟大的发明

答案：再也不需要闹钟，也听不到打鼾声了。

334.沙漠步行者

答案：他身后站着一位拿枪的猎人，这一声枪响是猎人开的。

335.小白猫的感激话

答案：喵。

336.有几种摆法

答案：一共有5种摆法。

337.剧毒西瓜

答案：上面写着：现在这片地里有两个剧毒西瓜。

338.另一个人的"名字"

答案：叫"救命"。

339.寻狗启示

答案：看门的人说：全报社的人都出去找走失的狗去了。

340.交换位置

答案：不能。

341.读信的人

答案：读信的人是在读自己父亲写给母亲的信。

342.家产引发的血案

答案：弟弟不是凶手。因为O型血和AB型血结婚，所生的子女血型只能是A型或B型，而不会是AB型。

343.会预知的父亲

答案：不同方向的缆车是同时出发，当它们相遇的时候也就是路程的一半。

344.谁叫谁起床

答案：是公鸡叫太阳公公起床，因为太阳不会发出声音。

345.给拳头称重

答案：在测量前，我们要准备一个容器和一杆秤。先把装水的容器放在称秤上称一下重量，并记下。然后把你的拳头放在水中，记住手不能触碰到容器，也不能让水溢出来，秤上显示的增加值就是你拳头的重量。

346.杯下的纸

答案：只要你抽纸的时候毫不犹豫，是可以做到，这个游戏考验的是速度。

347.自动剥皮的香蕉

答案：原来，这是因为燃烧的白酒耗尽了空气中的氧，瓶子里的压力比外面的压力小，因此外面的空气推着香蕉进入瓶中。

348.遇到"熟人"

答案：因为他们不"熟"。

349.会写字的纸

答案：小军是利用香灰在纸上写字的，因为香灰中含有一种钾物质，这种化合物可溶于水，并能降低纸的燃点，所以在纸上涂香灰水比较容易燃烧，蔓延开来就像纸会自己写字一样。

350.谁是蓝衣间谍

答案：穿蓝色大衣的间谍是坐在D位上的英国旅客。

351.雨中漫步

答案：那个人说："急什么，前面还不是有雨。"

352.屋内有多少人

答案：房间里有7个人、3张凳子、4张椅子。你答对了吗？

353.越冷越有味道

答案：电冰"箱"。

354.3个人的职务

答案：甲是组长、乙是班长、丙是学习委员。

355.难以跨越的宽度

答案：因为书放在墙角的位置，前面没有空间了。

356.擦地的秘诀

答案：用力擦。

357.急智脱险

答案：用相机的闪光灯向对方的眼睛闪一下，可以使他的眼睛暂时失明，间谍便可趁机逃走。

358.海洋馆里的鲨鱼

答案：晶晶会变成"绿豆沙"。

359.骗子村的老实人

答案：老实人会说："今天要不是星期一的话，就是星期二。"

360.车主是谁?

答案："如果"是一个人的名字，所以车是如果的。

361.解密年龄

答案：A是54岁、B是45岁、C是4岁半。

362.银行家之死

答案：大麻子是杀人犯。

363.河马夫人减肥记

答案：指针是转了一圈后又指向零，所以当然要继续减肥了。

364.地球上的怪东西

答案：海水。

365.痴狂的歌者

答案：小郭刷的是假牙。